Introducción a los fundamentos industriales de las tecnologías de la operación

Yolanda López Benítez

Introducción a los fundamentos industriales de las tecnologías de la operación
© Yolanda López Benítez

1ª Edición

© IC Editorial, 2025

Editado por: IC Editorial
c/ Cueva de Viera, 2, Local 3
Centro Negocios CADI
29200 Antequera (Málaga)
Teléfono: 952 70 60 04
Fax: 952 84 55 03
Correo electrónico: iceditorial@iceditorial.com
Internet: www.iceditorial.com

ISBN: 978-84-1184-591-5
Depósito Legal: MA 205-2025

Impresión: PODiPrint
Impreso en Andalucía – España

Nota de la editorial: IC Editorial pertenece a Innovación y Cualificación S. L.

Índice

OBJETIVOS GENERALES

Los objetivos generales del título **Introducción a los fundamentos industriales de las tecnologías de la operación,** son los siguientes:

- ➲ Adquirir los conocimientos básicos de la industria y la transformación digital, incluida la terminología y los dispositivos utilizados en campo, los niveles ISA95, lo relacionado con la llamada industria 4.0, así como la capacitación práctica para adquirir las habilidades necesarias para programar un PLC.
- ➲ Desarrollar una comprensión integral de los fundamentos industriales relacionados con las tecnologías de la operación, con el foco en sistemas avanzados de fabricación, comunicación industrial y producción, así como en la integración de herramientas tecnológicas para optimizar procesos y garantizar la seguridad en entornos industriales modernos.

Introducción a los fundamentos industriales de las tecnologías de la operación en el control de procesos industriales

Contenido

Objetivos

El objetivo general de esta unidad de aprendizaje es:

→ Adquirir los conocimientos básicos de la industria y la transformación digital, incluida la terminología y los dispositivos utilizados en campo, los niveles ISA95, lo relacionado con la llamada Industria 4.0, así como la capacitación práctica para adquirir las habilidades necesarias para programar un PLC.

Los objetivos específicos de esta unidad de aprendizaje son:

→ Conocer las redes industriales y los protocolos que dan soporte a los dispositivos y su conectividad.

→ Adquirir habilidades para el entendimiento de la digitalización de la industria y las tecnologías y componentes que dan soporte a estos procesos de transformación.

→ Adquirir conciencia sobre la importancia del trabajo en equipo colaborando con expertos de otras áreas y en distintos contextos para conseguir aumentar la seguridad de las instalaciones ante ataque informáticos.

1. Introducción

Conocer los fundamentos industriales de las **tecnologías de la operación** **(OT)** en el control de procesos resulta básico, debido al impacto directo que tienen en la eficiencia y seguridad de las infraestructuras críticas. Estas tecnologías gestionan operaciones en industrias esenciales, como son la energética, la manufacturera y el transporte, en las que un fallo en los sistemas de control podría generar interrupciones, pérdidas económicas incalculables o, incluso, riesgos para la seguridad de las personas. Al mismo tiempo, los sistemas de OT suelen ser específicos y realmente complejos, por lo que comprender sus bases ayuda a operar, mantener y proteger adecuadamente estos sistemas.

Por otro lado, la transformación digital en la industria, especialmente con la llegada de la **Industria 4.0,** ha ampliado las capacidades de las tecnologías OT, al integrar dispositivos conectados y sistemas inteligentes. La convergencia entre OT e IT o tecnologías de la información, permite una mayor automatización y recopilación de datos. Esto facilita el monitoreo y optimización en tiempo real de los procesos industriales. Sin embargo, esta integración también plantea grandes desafíos, ya que amplía la superficie de ataque y demanda mayores competencias en torno a la ciberseguridad.

También, no ignorar estos fundamentos es clave para la implementación de medidas de seguridad en entornos industriales, ya que permite anticipar vulnerabilidades y adaptar las defensas a los riesgos específicos de estos sistemas. Por todo ello, comprender cómo funcionan los sistemas de control y la instrumentación de OT permite crear estrategias de protección adecuadas, aplicar medidas de *hardening* y gestionar los riesgos de forma eficaz, garantizando así la continuidad y resiliencia de los procesos industriales ante posibles ciberataques.

En esta unidad se abordarán los conceptos clave de la Industria 4.0, el control de procesos industriales, la instrumentación y las redes industriales. Mario es técnico y se enfrenta a los retos de seguridad en entornos industriales. Él nos ayudará a entender estos y otros conceptos dentro de su contexto profesional.

2. Introducción a los aspectos esenciales de la industria

☞ **HILO CONDUCTOR**

Mario, nuestro técnico de sistemas, ha sido asignado al área de seguridad de una planta industrial que está en plena transformación digital. Su tarea consistirá en integrar los sistemas actuales en el entorno de la Industria 4.0. Para ello, primero necesita entender los aspectos esenciales de la fabricación industrial y los sistemas históricos y modernos.

Los aspectos esenciales de la industria se centran en los métodos y sistemas que hacen posible la **producción en masa, la eficiencia en el uso de recursos y el aumento de la calidad de los productos.**

Tradicionalmente, las industrias han dependido de sistemas de producción mecánicos y manuales, en los cuales la intervención humana era fundamental. Sin embargo, con el avance de la tecnología, el papel de la automatización ha sido clave para transformar estos procesos, lo cual ha permitido un control más preciso y ha reducido sobre todo los errores humanos.

En la era moderna, la industria se estructura sobre procesos automatizados y controlados electrónicamente, que optimizan la fabricación y aseguran una producción estandarizada y de alta calidad.

A lo largo de las diferentes revoluciones industriales, cada cambio ha traído consigo una mejora en los procesos y ha ampliado la capacidad de las industrias para adaptarse a la demanda del mercado. Desde la mecanización con el uso de máquinas de vapor en la primera revolución hasta la introducción de la informática en la tercera, cada etapa ha impactado significativamente en la productividad.

Actualmente, la **Cuarta Revolución Industrial,** conocida como Industria 4.0, **integra la digitalización completa de los sistemas y permite una comunicación constante entre dispositivos.**

IMPORTANTE

Esta transformación digital facilita un entorno de trabajo donde los procesos productivos pueden monitorearse en tiempo real y ajustarse según las necesidades de producción.

Finalmente, el concepto de **industria inteligente** y **conectada** lleva estos avances un paso más allá, al integrar inteligencia artificial y el internet de las cosas (IoT).

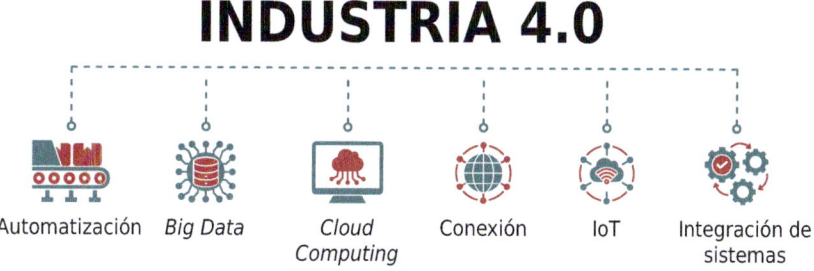

INDUSTRIA 4.0

Automatización   *Big Data*   *Cloud Computing*   Conexión   IoT   Integración de sistemas

Los avances tecnológicos permiten a las industrias no solo optimizar sus procesos, sino también adaptarse de manera proactiva a posibles problemas o cambios en la producción.

Estas tecnologías crean sistemas que aprenden de los datos y son capaces de tomar decisiones y tener iniciativas de forma autónoma, lo que significa que incrementa la seguridad y la eficiencia operativa en la industria. Igualmente, la conectividad avanzada garantiza que las diferentes áreas de una industria estén interconectadas, lo cual fomenta la colaboración entre sistemas y mejora la coordinación en las cadenas de producción.

APLICACIÓN PRÁCTICA

**Selecciona la opción que mejor responde al concepto *Industria 4.0.*
según tus conocimientos.**

- **Dependencia exclusiva de procesos manuales.**
- **Incremento de costes y tiempos de producción.**
- **Conectividad e integración de sistemas en tiempo real.**
- **Limitación de datos para la toma de decisiones.**

Solución

La Industria 4.0 se basa en la implementación de tecnologías avanzadas como
el internet de las cosas, entre otras, para integrar y conectar los sistemas de
producción en tiempo real. Esto no solo mejora la eficiencia operativa, sino que
también permite tomar decisiones más rápidas y precisas.

2.1. Fabricación industrial: sistemas comunes

En el contexto de la fabricación industrial tradicional, es fundamental entender las características que definieron los sistemas de producción antes
de la era moderna. Estas características nos permiten apreciar cómo la automatización y el control avanzado han transformado la fabricación en una
actividad mucho más eficiente y adaptable.

Cada una de las siguientes secciones abordará aspectos clave de los sistemas de producción tradicionales:

- ⮑ **Procesos manuales y mecánicos.** Los sistemas tradicionales de fabricación dependían en gran medida del trabajo manual y de maquinaria
básica sin automatización avanzada. La mayoría de las tareas precisa-
ban que los trabajadores operaran las máquinas directamente, lo cual
aumentaba la dependencia de la intervención de las personas en todas
las fases de producción.
- ⮑ **Producción en masa limitada.** La capacidad de producción en los sistemas tradicionales era bastante restringida, debido a la falta de automatización. Esto significaba que la producción en masa solo era posible en
menor escala, limitando la cantidad de productos que podían ser fabri-
cados en un período de tiempo determinado.

- **Intervención humana constante.** Debido a la tecnología disponible, la supervisión y la ejecución de cada proceso requerían una intervención continua por parte de los trabajadores. Esto era necesario tanto para operar las máquinas como para verificar la calidad y resolver problemas en tiempo real.
- **Lentitud y baja eficiencia.** Al estar basado en procesos manuales, el flujo de trabajo era más lento y, en consecuencia, disminuía la eficiencia en general. El transporte de materiales, el ensamblaje y el empaquetado se realizaban manualmente o con ayuda de máquinas básicas, lo que resultaba en un consumo de tiempos de producción más largo y menos flexible.
- **Poca flexibilidad ante cambios en la demanda.** Los sistemas tradicionales tenían una estructura fija, lo cual hacía difícil adaptarse rápidamente a cambios en la demanda del mercado. Las configuraciones de las máquinas y la cadena de producción no se podían modificar fácilmente, limitando así la capacidad de respuesta ante fluctuaciones en el mercado o la personalización de productos.

NOTA

Con el avance de la tecnología, la automatización y los sistemas de control transformaron estos sistemas tradicionales. La introducción de líneas de ensamblaje automatizadas, brazos robóticos y maquinaria controlada por computadora marcó el paso hacia una fabricación mucho más rápida y precisa.

EJEMPLO

Una línea de ensamblaje automatizada permite que productos como automóviles se fabriquen en serie, optimizando el tiempo y reduciendo cualquier posible error.

Continúa en página siguiente >>

<< Viene de página anterior

Los sistemas de control modernos, como los controladores lógicos programables, conocidos como PLC, permiten programar y monitorear estas máquinas, de modo que realicen tareas específicas y se ajusten según las necesidades de producción en tiempo real.

APLICACIÓN PRÁCTICA

Algunos conceptos describen mejor la convergencia entre OT (tecnologías de la operación) e IT (tecnologías de la información) dentro del contexto de la Industria 4.0. ¿Qué significa la integración de OT e IT en un entorno industrial?

Solución

La integración entre OT e IT permite optimizar la producción y monitorear procesos continuamente. Esto hace que aumente la eficiencia, además de ofrecer la capacidad de toma de decisiones en tiempo real.

2.2. Las revoluciones industriales

Las revoluciones industriales han marcado hitos fundamentales en la historia de la fabricación y la tecnología, transformando la manera en que los bienes se producen y se distribuyen en la sociedad.

Cada revolución ha introducido innovaciones clave, desde la mecanización inicial hasta la automatización avanzada, y ha tenido un impacto significativo en la productividad, la calidad de vida y la economía global.

A continuación, exploraremos las **características y avances** de cada una de estas revoluciones industriales:

- **Primera Revolución Industrial (siglo XVIII) - Mecanización:** comienza en Inglaterra a finales del siglo XVIII. La introducción de la máquina de vapor es la innovación en este periodo. Las máquinas de vapor permitieron mecanizar procesos que antes se realizaban manualmente, como el tejido y la minería. Se pasó de una economía basada en la agricultura y el trabajo manual a una economía industrializada.
- **Segunda Revolución Industrial (siglo XIX y principios del XX) - Producción en masa y electricidad:** siguió a la Primera Revolución Industrial, con avances significativos en Estados Unidos y Europa. La innovación vino de la mano de la electricidad y la creación de líneas de ensamblaje. Se implementaron cadenas de montaje y nuevos métodos de producción en masa, como los utilizados por Henry Ford en la fabricación de automóviles. Hubo una mayor especialización de tareas y productividad, reducción de costes y tiempos de producción.
- **Tercera Revolución Industrial (finales del siglo XX) - Digitalización y automatización:** se inició a mediados del siglo XX con el desarrollo de la electrónica y la informática. Como elementos de innovación representativos de esta revolución fueron la introducción de ordenadores, internet y los sistemas automatizados. La automatización de procesos permitió la producción más rápida y precisa, mientras que la informática mejoró la gestión y el control de la producción. Aparecieron fábricas más inteligentes, donde los sistemas automatizados y los controles digitales reducían la intervención humana.
- **Cuarta Revolución Industrial (actualidad) - Industria 4.0:** surge en el siglo XXI, con avances tecnológicos como la inteligencia artificial, el internet de las cosas y el análisis de datos en tiempo real. Se caracteriza por la conectividad total y los sistemas ciberfísicos que permiten que máquinas y dispositivos se comuniquen entre sí. En cuanto a la industria, la fabricación se vuelve altamente flexible y personalizada, con una toma de decisiones en tiempo real basada en datos. La producción es inteligente y conectada, con fábricas autónomas y con la capacidad de personalizar productos en función de la demanda en tiempo real.

 **APLICACIÓN PRÁCTICA**

Cada revolución industrial ha introducido innovaciones que han sido clave. ¿Cuál es la innovación principal de la Primera Revolución Industrial de las siguientes opciones?

- **La electricidad**
- **La automatización de sistemas**
- **La inteligencia artificial**
- **La máquina de vapor**

Solución

La Primera Revolución Industrial se caracterizó por la introducción de la máquina de vapor, que permitió mecanizar procesos anteriormente manuales.

- -

2.3. Industria 4.0: digitalización

La **Industria 4.0,** también conocida como Cuarta Revolución Industrial, representa la integración avanzada de tecnologías digitales en el ámbito industrial y es una de las transformaciones más significativas en la historia de la fabricación y la producción. Esta fase ha introducido una conectividad sin precedentes en los sistemas industriales, gracias al uso de tecnologías avanzadas.

A continuación, exploraremos brevemente las tecnologías avanzadas que han transformado la industria en la era de la Industria 4.0. Cada una de estas innovaciones, como el internet de las cosas, el *big data,* la inteligencia artificial, el *machine learning,* la robótica avanzada y los sistemas ciberfísicos, aportan capacidades únicas que, combinadas, permiten una interconexión inteligente y una producción optimizada. A continuación se exponen:

- ⮑ **Internet de las cosas (IoT).** Permite la conexión y comunicación entre dispositivos y sistemas industriales a través de internet. Los sensores y dispositivos IoT recopilan datos en tiempo real, facilitando un monitoreo continuo y el mantenimiento preventivo de maquinaria y procesos.
- ⮑ ***Big data.*** Conjunto de tecnologías que recopilan y analizan grandes volúmenes de datos generados en los entornos industriales. El *big data*

permite identificar patrones, optimizar la producción y tomar decisiones basadas en datos para mejorar la eficiencia operativa.

- ➲ **Inteligencia artificial (IA).** La IA se utiliza para procesar y analizar datos complejos, realizar predicciones y optimizar procesos. En la industria, ayuda a automatizar tareas y a mejorar la toma de decisiones en tiempo real mediante algoritmos avanzados.
- ➲ *Machine learning* **(ML).** Es una rama de la IA. El ML o aprendizaje automático permite a las máquinas aprender de los datos históricos para mejorar su rendimiento y precisión en tareas específicas, como la detección de anomalías y el ajuste automático de procesos de producción.
- ➲ **Robótica avanzada.** Los robots industriales realizan tareas repetitivas y precisas, colaborando con los humanos en entornos de trabajo y aumentando la seguridad y la eficiencia en el proceso de fabricación.
- ➲ **Sistemas ciberfísicos (CPS).** Combinan componentes físicos y digitales para monitorizar y controlar los procesos industriales de manera integrada. Los CPS permiten que los sistemas físicos y virtuales interactúen en tiempo real, con lo que mejoran la automatización y la adaptabilidad de la industria.

 IMPORTANTE

Estas tecnologías avanzadas permiten una conexión y una comunicación constantes entre los dispositivos, máquinas y sistemas de control, creando redes inteligentes que recogen, analizan y actúan sobre los datos en tiempo real. Además de incrementar la flexibilidad y la personalización en los procesos industriales, también potencian la eficiencia y la seguridad en la industria. Con tecnologías basadas en la nube, como es el *cloud computing,* las empresas pueden almacenar, procesar y acceder a grandes volúmenes de datos en servidores remotos, lo cual reduce la necesidad de infraestructura física y permite una colaboración en tiempo real, optimizando los recursos según la demanda. Por otra parte, la tecnología asociada a la ciberseguridad se vuelve esencial en este entorno tan conectado, protegiendo datos y sistemas industriales frente a las amenazas digitales mediante el uso del cifrado, el monitoreo constante y la autenticación avanzada, asegurando así la integridad de los datos y la continuidad de los procesos industriales.

En la Industria 4.0, la digitalización actúa como núcleo, permitiendo que los procesos se monitoricen, optimicen y personalicen continuamente a través de datos en tiempo real. Esta conectividad permite anticipar problemas, realizar mantenimientos preventivos y adaptar la producción a la demanda actual sin intervención humana directa.

Los datos generados por sensores y dispositivos IoT en las fábricas son almacenados y analizados, a menudo utilizando algoritmos de IA, que permiten identificar patrones, optimizar el flujo de trabajo y prever posibles fallos en el sistema.

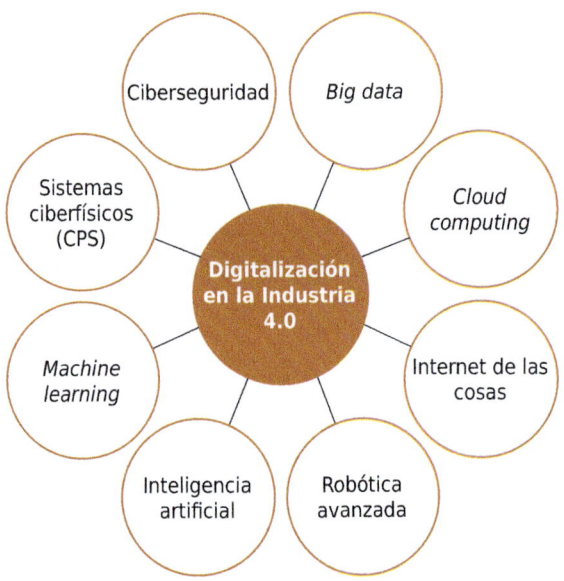

 **NOTA**

La digitalización, por tanto, permite que los sistemas se autogestionen y se adapten, con lo cual mejora considerablemente la eficiencia y se reducen los tiempos de inactividad. Esto no solo beneficia a los fabricantes en términos de eficiencia y ahorro de costes, sino que también mejora la satisfacción del cliente, al ofrecer productos altamente personalizados.

La conectividad avanzada que caracteriza a la Industria 4.0 también trae nuevos retos o desafíos en cuanto a la ciberseguridad.

IMPORTANTE

Al conectar sistemas industriales a redes digitales, aumenta considerablemente el riesgo de ciberataques.

Para hacer frente a estas amenazas, la Industria 4.0 también ha impulsado el desarrollo de protocolos de seguridad más robustos y sistemas de protección de datos específicos para entornos industriales, que protegen la información y garantizan la operatividad ininterrumpida de los sistemas.

IMPORTANTE

Todos estos avances tecnológicos nos acercan a una era de industria inteligente y conectada, donde los sistemas no solo estarán digitalizados, sino también integrados e interconectados de manera más profunda, lo que permitirá un control casi total sobre la producción y los sistemas logísticos.

ACTIVIDAD COMPLEMENTARIA

1. Reflexiona sobre el impacto de cada una de las cuatro revoluciones industriales y cómo cada innovación cambió radicalmente los procesos de producción y la vida cotidiana en cada momento. Recapacita sobre estas preguntas:

Continúa en página siguiente >>

<< Viene de página anterior

a. ¿Cuál de las revoluciones consideras que tuvo un mayor impacto en el desarrollo industrial?
b. ¿Cómo crees que la Cuarta Revolución Industrial podría transformar aún más el panorama industrial en el futuro?

2.4. Industria inteligente y conectada

La **industria inteligente y conectada** o *smart industry* es una fase avanzada de la evolución industrial que se centra en la integración de tecnologías autónomas y colaborativas. Aquí los sistemas no solo recopilan datos, sino que también aprenden y adaptan sus procesos en función de esta información, con lo cual mejoran continuamente su rendimiento. Este tipo evolucionado de industria ofrece mejoras significativas, entre las que están el aumento de la eficiencia y la competitividad empresarial.

A continuación, cada sección informa sobre cómo esta interconexión profunda transforma no solo la producción, sino también el mantenimiento, la logística y la gestión de recursos:

Mantenimiento inteligente
- En la industria inteligente, el mantenimiento se vuelve predictivo y proactivo. A través del monitoreo continuo de las máquinas, los sensores detectan e informan de desgastes, fallos o anomalías antes de que causen problemas mayores. Esto permite programar el mantenimiento en el momento preciso, evitando paradas de producción inesperadas y reduciendo los costes asociados.

Logística optimizada
- La logística dentro de la industria inteligente se beneficia de la conectividad, facilita un flujo constante de información entre proveedores, almacenes y clientes. Los sistemas conectados son capaces de prever necesidades de stock, optimizar rutas de distribución y ajustar el suministro en función de la demanda en tiempo real. Así, los productos llegan a su destino con mayor eficiencia y menos retrasos.

Continúa en página siguiente >>

<< Viene de página anterior

> **Gestión de recursos**
> - La interconexión de sistemas también permite gestionar de forma optimizada los recursos. A través del análisis de datos, la industria consigue reducir el consumo de energía, minimizar los residuos y optimizar el uso de materiales. Esta gestión eficiente no solo reduce costes operativos, sino que también contribuye a prácticas más sostenibles, algo esencial en el contexto actual.

La **interoperabilidad** es clave en la industria inteligente, ya que diferentes sistemas, plataformas, redes de producción y dispositivos de múltiples fabricantes son capaces de comunicarse y colaborar entre ellos de forma fluida, compartiendo datos y optimizando flujos de trabajo.

La interoperabilidad facilita la toma de decisiones en tiempo real y promueve una operación industrial más eficiente y adaptable al mercado.

En la Industria Inteligente y conectada también se prioriza la **adaptabilidad**. Esto significa que las líneas de producción permiten ser modificadas fácilmente para nuevos productos o cambios de diseño, respondiendo a la demanda actual del mercado, que exige personalización.

IMPORTANTE

Al estar los sistemas interconectados y monitorizados, también se facilita la gestión de los recursos, asegurando que los materiales, la energía y el tiempo se utilicen de la manera más eficiente posible. Esta capacidad de adaptación y respuesta automática posiciona a la Industria Inteligente como una de las estrategias clave para competir en un mercado globalizado y tecnológicamente avanzado.

3. Reconocimiento de los fundamentos del control de procesos industriales

☞ HILO CONDUCTOR

Tras comprender los aspectos básicos de la industria moderna, Mario se prepara para sumergirse en el control de los procesos industriales. Con idea de proteger el sistema, debe conocer los distintos tipos de procesos y los sistemas que los supervisan y regulan.

Sabemos que la industria moderna se basa en la capacidad de controlar y supervisar procesos complejos de producción con precisión y eficacia. Estos procesos industriales involucran una serie de sistemas y dispositivos especializados que gestionan, monitorizan y optimizan el funcionamiento de plantas, fábricas y otras instalaciones productivas.

Los sistemas de control permiten al personal operario y al personal técnico asegurar que los procesos se ejecuten con seguridad, cumplan con los estándares de calidad y se adapten rápidamente a cambios en las condiciones o requerimientos de producción.

A continuación, exploraremos los diferentes tipos de procesos industriales y los sistemas de control que se utilizan para gestionarlos, así como los dispositivos específicos que permiten la automatización y el monitoreo en tiempo real.

3.1. Tipos de procesos industriales

Un **proceso productivo** es el conjunto de actividades y operaciones organizadas y coordinadas para transformar materias primas o insumos en productos finales o bienes que satisfacen una necesidad. A lo largo de este proceso, se utilizan diversos recursos, como son: la mano de obra, la maquinaria y la tecnología. En estos procesos se aplican técnicas específicas que permiten añadir valor a los materiales iniciales.

El siguiente diagrama es una representación simplificada, ideal para visualizar los **pasos fundamentales de un proceso productivo:**

1. **Recepción de materias primas:** se recibe y almacena el material necesario para iniciar el proceso productivo, con un control de calidad inicial.
2. **Preparación de materiales:** se preparan o preprocesan los materiales si es necesario (como cortar, limpiar o mezclar), para dejarlos listos para las etapas de transformación.
3. **Proceso de transformación:** aquí es donde ocurre la modificación de los materiales, utilizando maquinaria específica. Esta fase puede incluir ensamblaje, soldadura, moldeado, etc.
4. **Control de calidad intermedio:** se realiza una inspección de calidad en medio del proceso para detectar posibles defectos o errores, evitando que productos defectuosos avancen en la línea de producción.
5. **Montaje final:** si el producto es complejo, esta etapa reúne todas las piezas individuales para crear el producto final.
6. **Pruebas y control de calidad final:** una inspección final verifica que el producto cumpla con los estándares de calidad y funcione correctamente antes de ser empacado.
7. **Empaque y etiquetado:** el producto final se empaca y etiqueta con la información necesaria, como el número de lote o detalles del producto.
8. **Almacenamiento y distribución:** los productos terminados se almacenan hasta su distribución o envío a clientes.

Hay que entender que en cada fase existen puntos críticos donde es más probable que ocurran problemas de calidad o de eficiencia o de seguridad física y cibernética.

NOTA

Cualquier proceso industrial suele incluir varias etapas (preparación, transformación, ensamblaje y empaque), según el tipo de producto que se quiera obtener. Por ejemplo, en la fabricación de automóviles, el proceso productivo abarca desde el diseño y el ensamblaje de las piezas hasta la prueba final de calidad.

Los procesos productivos varían según el tipo de industria, pero se clasifican principalmente en tres **tipos:**

- ⊃ **Discretos** (para productos individuales).
- ⊃ **Continuos** (para productos que fluyen constantemente como el petróleo o el gas).
- ⊃ **Por lotes** (para productos en cantidades específicas, como en la industria alimentaria).

A continuación, quedarán explicados cada uno de estos procesos y sus características principales:

Procesos discretos	- Este tipo de proceso implica la producción de objetos individuales, como piezas de maquinaria o productos ensamblados. La fabricación de automóviles es un ejemplo típico de un proceso discreto.
Procesos continuos	- Aquí, los materiales o productos fluyen continuamente a través del sistema. Un buen ejemplo es la refinación de petróleo o la producción de químicos, donde la operación no se interrumpe y se mantiene de forma continua.
Procesos por lotes	- Este tipo de proceso produce cantidades específicas de un producto o material en etapas. Un ejemplo sería la fabricación de alimentos o productos farmacéuticos, donde se preparan lotes de acuerdo con una receta o fórmula específica.

En el ámbito de la ciberseguridad, cada tipo de proceso productivo requiere medidas específicas de seguridad cibernética adaptadas a sus características y riesgos particulares. Por ejemplo:

➲ En los **procesos discretos,** cuando la producción se realiza por unidades, es fundamental **proteger los sistemas de control y programación de las máquinas** para evitar alteraciones no autorizadas que puedan afectar a la calidad o el funcionamiento del producto.

➲ Los **procesos continuos,** que operan sin interrupciones, necesitan un **monitoreo constante de redes y dispositivos,** ya que una interrupción o manipulación en el flujo de los datos podría provocar paradas costosas o desastres industriales, especialmente en sectores como el petróleo y el gas.

➲ Los **procesos por lotes** requieren **medidas complementarias para asegurar que los datos sobre fórmulas de elaboración y trazabilidad** estén protegidos, ya que una alteración podría tener consecuencias en la calidad o la seguridad en los productos alimentarios o farmacéuticos.

IMPORTANTE

En todos estos casos, la segmentación de redes, la autenticación estricta y la vigilancia continua de la infraestructura digital son claves para proteger los sistemas industriales.

ACTIVIDAD COMPLEMENTARIA

2. Reflexiona sobre los riesgos principales y las medidas de seguridad más efectivas para cada tipo de proceso productivo (discreto, continuo y por lotes), considerando ejemplos de industrias que puedan verse afectadas.

   ¿Por qué cada proceso necesita medidas únicas de seguridad?

   ¿Qué impacto tendría una vulnerabilidad en la producción y la sociedad?

3.2. Fundamentos y tipos de Sistemas de Control

Para gestionar los distintos tipos de procesos industriales, se emplean sistemas de control, que regulan las variables y condiciones necesarias para que los procesos se mantengan dentro de los parámetros definidos. En términos generales, los sistemas de control se dividen en dos **tipos:**

Sistemas de control manual
- En este método, los operarios controlan los procesos directamente. Esto significa que es el personal quien ajusta de forma manual cualquier tipo de variable. Este tipo de control es menos común en la industria moderna, debido a las grandes limitaciones que presenta en relación con la precisión y velocidad.

Sistemas de control automático
- La automatización permite que los sistemas funcionen de forma independiente una vez que se configuran, controlando variables como la temperatura, la presión y la velocidad de producción. Un sencillo ejemplo de sistemas automáticos podría ser los sistemas de control de temperatura en los hornos industriales.

 **NOTA**

Sigue avanzando para conocer los Sistemas de Control Industrial y la tecnología asociada a estos sistemas.

3.3. ICS: Sistemas de Control Industrial

Los **Sistemas de Control Industrial** o **ICS** son fundamentales para la automatización y gestión segura de procesos en las diversas industrias. Estos sistemas son una categoría especializada de sistemas que supervisan y controlan procesos industriales. Permiten monitorear y regular los procesos productivos y operativos en tiempo real, garantizando la eficiencia, precisión y seguridad en sectores críticos como el sector energético, la industria manufacturera o los procesos industriales para el tratamiento del agua.

La complejidad de los ICS reside en la necesidad de interactuar con múltiples dispositivos y sistemas, gestionando datos y ejecutando acciones de control a través de una red robusta y protegida.

Dentro del **ecosistema ICS** existen tecnologías especializadas que desempeñan funciones específicas para **ajustar, supervisar y coordinar operaciones industriales**. Desde la regulación de variables mediante controladores PID hasta la supervisión remota con RTU y la interacción directa con operarios a través de interfaces HMI, cada componente contribuye a un sistema de control integral. Estas tecnologías ofrecen soluciones flexibles y escalables, capaces de adaptarse a las características de cada industria y sus requisitos específicos de operatividad.

IMPORTANTE

Del mismo modo, los sistemas ICS abarcan tecnologías avanzadas, como los PLC, SCADA y DCS, que proporcionan una estructura de control robusta y distribuida, adecuada tanto para operaciones centralizadas como descentralizadas.

- -

A continuación, explicaremos en detalle estos componentes y su relevancia en la automatización y seguridad de procesos industriales, cada uno con aplicaciones y características únicas que permiten optimizar el flujo de trabajo en el contexto industrial moderno.

PID

El **control PID** (*control proporcional-integral-derivativo*) es una técnica de control muy utilizada en la industria para ajustar variables en función de los errores detectados. Los controladores PID ajustan las variables de un proceso en tiempo real para minimizar las desviaciones respecto a un valor deseado.

 **EJEMPLO**

En un sistema de climatización, el controlador PID ajusta la temperatura continuamente para mantener un ambiente cómodo.

- -

A continuación, se explicarán los tres tipos de ajuste que, de forma combinada, posee un PID:

- **Ajuste proporcional.** Este ajuste reacciona directamente al error actual, es decir, la diferencia entre el valor deseado y el valor medido. El ajuste proporcional aplica una corrección proporcional a este error, lo cual significa que, cuanto mayor es el error, mayor es la respuesta. Este tipo de ajuste ayuda a reducir la desviación rápidamente, pero si se usa solo puede dar lugar a un error de estado estacionario.
- **Ajuste integral.** Este ajuste considera la acumulación de errores a lo largo del tiempo. Calcula la suma de todos los errores pasados, permitiendo eliminar el error de estado estacionario que podría quedar después del ajuste proporcional. El ajuste integral aumenta la corrección a medida que el error se mantiene en el tiempo, garantizando que se minimice cualquier error persistente. Sin embargo, si se utiliza en exceso, puede provocar una oscilación en la respuesta.
- **Ajuste derivativo.** Este ajuste anticipa los cambios futuros del error, al medir su tasa de cambio. Básicamente, responde a la velocidad con la que cambia el error y proporciona una corrección basada en esta tasa de cambio. Esto ayuda a estabilizar el sistema y a evitar sobrecorrecciones. El ajuste derivativo ayuda a mejorar la estabilidad y rapidez de respuesta del sistema, aunque también puede hacerlo más sensible a las interferencias en la señal.

Combinados, estos tres ajustes permiten que el controlador PID mantenga las variables del proceso dentro de los rangos deseados de manera precisa y estable, optimizando así el rendimiento del sistema.

NOTA

Estos tres tipos de ajustes son elementos que permiten que el PID mantenga variables críticas, como puede ser la temperatura, la presión o el flujo. Lo hacen dentro de rangos seguros y óptimos, minimizando fluctuaciones y mejorando la estabilidad operativa en tiempo real.

RTU

Una **RTU** (*Remote Terminal Unit* o **unidad terminal remota**) es un dispositivo que recopila datos de sensores y los envía a un sistema de control central.

Los RTU son puntos de conexión especializados en la recopilación y transmisión de datos desde ubicaciones remotas hacia sistemas de control centralizados. Diseñadas para operar en condiciones extremas, como entornos industriales y de campo, las RTU son capaces de supervisar, controlar y automatizar equipos sin necesidad de intervención constante por parte del personal técnico.

Estos dispositivos son especialmente útiles en operaciones distribuidas, donde la conectividad y la comunicación son clave para el monitoreo continuo. Conjuntamente, suelen estar equipados con protocolos de comunicación específicos para enviar datos a un sistema SCADA o DCS, garantizando la gestión de las instalaciones a distancia y en tiempo real.

 **EJEMPLO**

En una red de distribución de agua, las RTU permiten supervisar y controlar estaciones remotas, como bombas o válvulas, desde un centro de control.

HMI

La **HMI** (*Human-Machine Interface*) es la **interfaz hombre/máquina** a través de la cual los operarios interactúan con los sistemas de control. Estas interfaces suelen ser pantallas táctiles o paneles de control que muestran datos en tiempo real sobre el funcionamiento del sistema.

A través de pantallas táctiles o paneles digitales, el personal operario visualiza datos, recibe alertas, supervisa los procesos y ejecuta comandos necesarios para el funcionamiento del sistema.

Las HMI están diseñadas para ser intuitivas. Muestran datos críticos como gráficos en tiempo real y resúmenes que clarifican el estado del sistema. En una industria en constante cambio, esta herramienta es fundamental, ya que permite a los técnicos identificar problemas de inmediato y tomar decisiones veloces y precisas para evitar interrupciones en la producción.

 **EJEMPLO**

En una planta de energía como es una central eléctrica, la HMI permite que los técnicos monitoricen los niveles de presión y temperatura de las calderas.

PLC

Un **PLC** (*Programmable Logic Controller* o **Controlador Lógico Programable**), es un dispositivo que se programa para realizar tareas específicas de control.

En realidad, los PLC son equipos programables que ejecutan instrucciones lógicas específicas para controlar maquinaria y procesos industriales. Estos dispositivos robustos y versátiles son fundamentales en la automatización, ya que pueden adaptarse a diferentes aplicaciones mediante la programación de instrucciones personalizadas.

Los PLC son esenciales en las líneas de producción. Permiten la automatización de tareas repetitivas y garantizan uniformidad y precisión en cada ciclo de producción. Además, tienen la capacidad de manejar entradas y salidas digitales y analógicas, y se conectan con sensores y actuadores para coordinar todo el proceso de producción de manera segura.

 **EJEMPLO**

En una línea de producción de automóviles, los PLC coordinan los brazos robóticos que ensamblan las diferentes piezas, con lo cual garantizan una precisión constante y repetible.

SCADA

El **SCADA** (*Supervisory Control and Data Acquisition* o **Control de Supervisión y Adquisición de Datos**), es un sistema que recopila datos en tiempo real de dispositivos de control, como RTU o PLC, y los centraliza en una interfaz de usuario.

Los sistemas SCADA ofrecen una visión general y detallada del funcionamiento de instalaciones y procesos a través de la recopilación y análisis de datos en tiempo real.

Estos sistemas, al integrar múltiples RTU y PLC, pueden obtener información de cada punto de la red industrial y centralizarla en una sola interfaz de supervisión. Sin embargo, a diferencia de otros sistemas de control, SCADA está diseñado para supervisar grandes infraestructuras, como son las redes de distribución de agua o de electricidad, brindando a los operadores una capacidad integral de monitoreo y control que permite la toma de decisiones rápidas, basadas en información de valor, ante posibles incidentes.

 **EJEMPLO**

Los sistemas SCADA se utilizan en la industria para gestionar grandes redes, como plantas de tratamiento de agua, donde los datos de múltiples puntos se monitorean desde una sola ubicación.

DCS

El **DCS** *(Distributed Control System* o **Sistema de Control Distribuido),** es un medio de gobierno y de control en el que las operaciones se distribuyen en diferentes controladores conectados a una red. A diferencia de un sistema SCADA centralizado, el DCS distribuye la inteligencia de control en varias unidades.

En definitiva, un DCS es una red de control totalmente integrada que distribuye el procesamiento y la supervisión de las operaciones en múltiples unidades conectadas entre sí. A diferencia de los sistemas SCADA, el DCS se usa principalmente en procesos continuos y operaciones industriales que requieren una supervisión constante en tiempo real.

Cada controlador en un DCS se encarga de una sección específica del proceso y comunica los datos al sistema central, con lo que permite un alto grado de autonomía y eficiencia operativa.

El diseño modular de un DCS facilita la gestión de complejas instalaciones industriales. Mejoran la resiliencia y reducen la probabilidad de fallos en toda la red.

 **EJEMPLO**

Este tipo de sistema es ideal para plantas de proceso continuo, como refinerías, donde los equipos están repartidos en grandes áreas.

- -

En el siguiente apartado, se abordará la **implementación de instrumentación industrial.** Se analizará cómo los **sensores** y **conversores** facilitan la recolección de datos en los procesos industriales.

4. Implementación de instrumentación industrial

👉 HILO CONDUCTOR

Ahora, y ya con un conocimiento más sólido sobre el control de procesos, Mario se dispone a trabajar con la instrumentación industrial. Esta parte es fundamental para obtener datos precisos de los sistemas y garantizar una supervisión adecuada.

La **instrumentación industrial** es un elemento clave para **controlar** y **monitorear los procesos** en cualquier tipo de industria, con lo que se asegura que los equipos y sistemas funcionen de manera óptima y segura.

La instrumentación industrial posibilita una automatización avanzada, al traducir sus mediciones en acciones controladas y ajustes necesarios en tiempo real, lo que contribuye a la optimización de los recursos y la continuidad operativa en distintos entornos industriales.

La instrumentación permite recopilar **datos críticos,** que luego se utilizan para ajustar y mantener los procesos en los parámetros deseados.

El siguiente listado muestra algunos de estos datos críticos:

- ⮕ **Temperatura.** Medición del calor en equipos, procesos o materiales. Esencial para evitar sobrecalentamientos o mantener condiciones precisas en procesos sensibles.

- **Presión.** Control de la presión en sistemas de gases o líquidos para prevenir fallos estructurales y mantener la seguridad.
- **Nivel.** Medición del nivel de líquidos o sólidos en tanques y contenedores. Importante para la gestión de inventarios y el control de procesos.
- **Flujo.** Determinación de la velocidad o cantidad de líquido o gas que se mueve a través de un sistema. Esencial para la regulación de suministros y procesos continuos.
- **Velocidad.** Control de la velocidad en cintas transportadoras, motores y otras partes móviles para sincronizar procesos y evitar errores de producción.
- **Vibración.** Detección de vibraciones en maquinaria, lo que puede indicar desgastes o fallas potenciales en componentes mecánicos.
- **Humedad.** Medición de la humedad en el aire o en materiales específicos. Crucial para procesos en los que la humedad puede afectar la calidad del producto.
- **PH.** Control de la acidez o alcalinidad en procesos químicos. Vital en industrias como la alimentaria, la farmacéutica y la química.
- **Composición química.** Análisis de componentes químicos en materiales o productos. Importante para la calidad y seguridad en sectores como el petroquímico o farmacéutico.
- **Concentración de gases.** Medición de gases como el oxígeno, el dióxido de carbono o los gases tóxicos. Fundamental para mantener un ambiente seguro y controlar procesos de combustión.
- **Corriente y voltaje eléctrico.** Monitoreo de parámetros eléctricos en circuitos y equipos. Clave para prevenir sobrecargas y mantener la eficiencia energética.
- **Peso.** Medición precisa de materiales en las líneas de producción para asegurar que se cumplen los estándares de peso en productos empaquetados.
- **Distancia y posición.** Detección de la ubicación exacta de componentes o productos en líneas de ensamblaje automatizadas. Esencial para el control de calidad.

Los dispositivos de instrumentación están formados por elementos como **sensores** y **conversores,** los cuales juegan un rol fundamental en la conversión de las condiciones físicas en señales que pueden ser interpretadas y gestionadas por los sistemas de control.

A continuación, vamos a sondear estos elementos básicos de la instrumentación industrial, para descubrir cómo funcionan y su impacto en la precisión y eficiencia de los sistemas de control.

4.1. Sensores

Los **sensores** son dispositivos que detectan y miden variaciones en el entorno, convirtiendo estas variaciones en señales eléctricas que puedan ser leídas perfectamente e interpretadas por el sistema de control.

 **IMPORTANTE**

Un sensor es el primer componente de un sistema de medición, ya que capta la información directamente desde el proceso.

Ahora bien, existen distintos **tipos de sensores,** los cuales están diseñados para captar distintos parámetros específicos.

A continuación, vamos a ver los diferentes tipos de sensores utilizados en la instrumentación industrial, cada uno diseñado para medir variables concretas como la temperatura, la presión o el flujo, etc., todas variables esenciales para el control de procesos:

- **Sensor de temperatura.** Los sensores de temperatura, como los termopares y los RTD (detectores de temperatura resistivos), son esenciales en sectores en que el control de la temperatura es fundamental, como la industria alimentaria o la farmacéutica. Por ejemplo, en un horno industrial, el termopar es capaz de detectar si la temperatura es adecuada para la cocción o tratamiento de materiales. Envía esta información al sistema de control para que ajuste el calor automáticamente, si la circunstancia lo requiriera.
- **Sensor de presión.** Los sensores de presión miden la fuerza ejercida por un fluido dentro de una tubería o contenedor. En una planta de tratamiento de agua, los sensores de presión detectan si la presión del agua está en el nivel óptimo para la distribución o si hay fugas, permitiendo ajustar válvulas o activar alarmas en caso de que se detecte un fallo.
- **Sensor de flujo.** Estos sensores miden la velocidad o el volumen de un fluido que pasa a través de una tubería. En las refinerías, donde se manipulan grandes volúmenes de líquidos, los sensores de flujo ayudan a controlar la cantidad exacta que debe ser procesada en cada etapa, lo cual permite mantener un flujo continuo y estable.
- **Sensor de nivel.** Mide el nivel de líquido dentro de un tanque o contenedor. En la industria petrolera, estos sensores son fundamentales para medir los niveles de crudo en los tanques de almacenamiento, lo que

ayuda a prevenir el desbordamiento y permite una distribución eficaz de los recursos.

⮑ **Sensor de proximidad.** Estos sensores detectan la presencia de objetos cercanos sin necesidad de contacto físico. Son muy utilizados en las líneas de montaje automatizadas, por ejemplo, para contar productos en una cadena de producción o verificar la presencia de componentes antes del ensamblaje.

Ya sabemos que los sensores desempeñan un papel fundamental en la industria, al monitorear variables clave y enviar esta información a los sistemas de control, con lo cual facilitan la automatización y optimización de los procesos industriales. A continuación, se explica cómo es el proceso de detección y transmisión de datos, que abarca desde la captación inicial hasta la transmisión y ajuste de los sistemas. A continuación, se exponen los **pasos del proceso de detección y transmisión de datos a través de los sensores:**

⮑ **Captación de la variable física.** El proceso comienza cuando el sensor detecta una variable física específica, como la temperatura, la presión o el nivel de un líquido. Este sensor convierte la variable en una señal eléctrica, que varía en función de la magnitud de lo que mide. Por ejemplo, un sensor de temperatura genera un voltaje que aumenta con el calor captado.

⮑ **Transformación en señal eléctrica.** La señal eléctrica generada representa la variable detectada en una forma que puede ser interpretada por el sistema de control. Esta conversión permite que el sensor envíe datos en tiempo real al sistema sin pérdida de precisión, lo que es esencial para la respuesta rápida. En muchos sistemas, la señal suele ser acondicionada o amplificada antes de ser enviada.

⮑ **Transmisión de la señal al sistema de control.** La señal eléctrica se envía a través de cables o redes de comunicación hasta llegar al sistema de control, como un PLC o un sistema SCADA. En este punto, la señal puede ser convertida nuevamente para adecuarla al sistema que la recibe, lo que facilita la integración en una red industrial.

⮑ **Análisis y almacenamiento de datos.** En los sistemas avanzados, los datos capturados se almacenan en una base de datos o en la nube para un análisis histórico. Este análisis permite al sistema identificar patrones que puedan indicar una necesidad de mantenimiento o ajustes operativos, optimizando los recursos y la producción.

⮑ **Ajuste automático del proceso.** A partir de los datos recibidos y analizados, el sistema de control tiene la capacidad de realizar ajustes automáticos en tiempo real. Por ejemplo, si un sensor de presión detecta un nivel alto, el sistema puede abrir una válvula para aliviar la presión. Este ajuste continuo asegura que el proceso se mantenga dentro de los parámetros establecidos y mejora la eficiencia operativa.

NOTA

Los pasos descritos son un proceso integrado que permite a la instrumentación industrial responder de manera precisa y dinámica a las condiciones de la planta, maximizando la seguridad y la productividad.

4.2. Conversores

Por otra parte, los **conversores** son dispositivos que transforman las señales recibidas de los sensores en un formato que pueda ser entendido y gestionado por el sistema de control, de ahí su importancia.

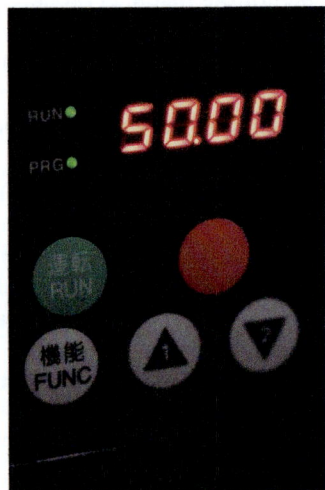

Los conectores son esenciales para la instrumentación, ya que muchas veces las señales que provienen de los sensores no son directamente compatibles con los sistemas de control y necesitan ser previamente adaptadas.

Gracias a los conversores se puede modificar la magnitud o el tipo de señal, por ejemplo, de señal analógica a señal digital, o bien amplificar la señal para que pueda ser transmitida a largas distancias sin pérdidas de calidad. Esto ayuda a facilitar una comunicación eficaz y precisa entre los sensores y el sistema de control.

A continuación, analizaremos los principales **tipos de conversores** utilizados en la industria y cómo cada uno de ellos facilita la transmisión de datos en diferentes contextos:

- **Conversores analógico-digital (A/D).** Convierte señales analógicas de sensores en señales digitales que puedan ser procesadas por un PLC o sistema de control. En un sistema de control de calidad de una planta de alimentos, el conversor A/D permite que los datos de los sensores se transformen en información digital, que puede ser evaluada automáticamente para asegurar que las variables estén en los rangos deseados.
- **Conversores de voltaje a corriente (V/I).** Este tipo de conversor se usa cuando es necesario transmitir señales a largas distancias. La conversión de una señal de voltaje a corriente permite que la señal viaje sin pérdida significativa, asegurando que la información llegue con precisión al sistema de control. Un ejemplo común es la transmisión de datos en plantas de tratamiento de agua, donde los sensores están distribuidos en varias ubicaciones y los datos deben ser transmitidos sin interferencias.
- **Conversores de escalamiento o rango.** Estos conversores adaptan la señal de entrada al rango de señal requerido por el sistema de control. Por ejemplo, si un sensor de presión envía una señal en un rango de 0-10 V y el sistema de control solo acepta señales en el rango de 0-5 V, el conversor escala la señal para que sea compatible.

El **proceso de conversión y transmisión de señales** por medio de los conversores en la instrumentación industrial es en apariencia bien sencillo, aunque tiene su complejidad. Estos reciben la señal de salida del sensor y la transforman en el formato adecuado para que pueda ser utilizada en el sistema de control. Esta adaptación de señales asegura que la información captada llegue correctamente a la interfaz de usuario o al controlador, lo cual es fundamental para la toma de decisiones en tiempo real. La calidad de los conversores impacta directamente en la precisión y velocidad de respuesta del sistema de control, por lo que es importante seleccionarlos adecuadamente según las necesidades de cada proceso.

Veamos a continuación cómo es este proceso de conversión y transmisión de señales. En ellas, se ilustra cómo los conversores trabajan en conjunto con los sensores y el sistema de control para capturar, transformar y transmitir datos con precisión en los procesos industriales. Después, sigue avanzando para ver un sencillo ejemplo:

1. **Recepción de la señal analógica del sensor:**

   - Cuando un sensor mide una variable física (como temperatura, presión o flujo), genera una señal analógica, que es continua y proporcional a la magnitud de la variable medida. Esta señal puede estar en un rango normalmente utilizado en la industria, como 0-10 V o 4-20 mA, dependiendo de la aplicación y del tipo de sensor.

◑ Esta señal inicial no es apta aún para ser utilizada directamente por el sistema de control, ya que este último generalmente requiere una señal en un formato específico, como digital.

2. **Acondicionamiento de señal:**

◑ Antes de la conversión, puede ser necesario realizar un acondicionamiento de la señal. Esta etapa ajusta la señal analógica para mejorar su precisión y reducir posibles interferencias.

◑ Las técnicas de acondicionamiento abarcan la amplificación (para incrementar el nivel de la señal cuando es muy débil), el filtrado (para eliminar ruidos no deseados) y el escalado (para ajustar la señal al rango de entrada del conversor).

3. **Conversión de la señal (A/D o V/I, según el sistema):**

◑ Conversión analógico-digital (A/D): si el sistema de control es digital (como un PLC), la señal analógica debe transformarse en una señal digital. El conversor A/D muestrea la señal analógica en intervalos de tiempo específicos y genera una secuencia de bits que representa el valor de la señal.

↕ La resolución del conversor, medida en bits, determina la precisión de la conversión: una resolución de 12 bits permite 4.096 valores diferentes, mientras que una de 16 bits permite 65.536 valores.

◑ Conversión de voltaje a corriente (V/I): si la señal debe transmitirse a largas distancias, se convierte de voltaje a corriente. Este proceso es beneficioso porque las señales de corriente son menos propensas a sufrir pérdidas en la transmisión que las señales de voltaje. La señal convertida a corriente viaja hacia el sistema de control, donde se reconvierte a voltaje si es necesario para la interpretación.

4. **Transmisión de la señal convertida:**

◑ Una vez acondicionada y convertida, la señal se envía al sistema de control. Si se trata de una señal digital, esta llega al sistema de control en forma de datos binarios que representan la variable medida.

◑ Si la señal es de corriente o de voltaje (dependiendo de la distancia y los requerimientos del sistema), llega como una señal acondicionada lista para ser interpretada en el sistema de control, sin pérdidas significativas.

5. **Interpretación y uso de la señal en el sistema de control:**

   ↻ En el sistema de control, los datos obtenidos de los sensores (ya convertidos y acondicionados) se procesan para realizar tareas de monitoreo, ajuste y optimización del proceso industrial.
   ↻ En sistemas de control avanzados, estos datos pueden ser almacenados para análisis posteriores, con lo cual permite que el sistema de control tome decisiones automatizadas basadas en patrones históricos o en tiempo real.

El siguiente ejemplo, que muestra el proceso de conversión y transmisión de señales, demuestra la importancia de los conversores en la transmisión confiable y precisa de datos, un componente crítico en la automatización industrial y en la toma de decisiones informada en tiempo real.

 **EJEMPLO**

En una planta de tratamiento de agua, un sensor de nivel mide el volumen de agua en un tanque y envía una señal analógica de 0-10 V. Este valor se amplifica y se convierte a una señal digital de 12 bits mediante un conversor A/D. La señal digital se transmite al PLC, que utiliza los datos para ajustar el flujo de entrada y salida de agua, manteniendo los niveles dentro de un rango seguro y optimizando el proceso.

 **NOTA**

Este flujo de las diferentes etapas que se han descrito es fundamental para garantizar:

* **Precisión y calidad de la señal,** minimizando errores y ruidos.
* **Compatibilidad entre los distintos componentes,** ya que cada etapa adapta y acondiciona la señal para que sea comprensible para el sistema final.
* **Optimización del control de procesos,** pues permite decisiones rápidas y efectivas basadas en datos en tiempo real o histórico.

Continúa en página siguiente >>

<< Viene de página anterior

En conjunto, estas etapas técnicas representan el papel central de la instrumentación en la **automatización industrial y en la seguridad de los procesos,** asegurando que los sistemas operen con un alto nivel de eficiencia y control.

 TAREA 1

Una empresa está implementando un sistema de control industrial avanzado en su planta de producción, donde deben integrar diversos dispositivos y sistemas para supervisar y optimizar los procesos productivos. Como ingeniero de automatización, te han asignado la tarea de diseñar la configuración inicial de estos sistemas para garantizar la eficiencia y seguridad de las operaciones. Tu labor consiste en identificar qué tipo de sistema de control (manual o automático) y qué tecnologías de control (PLC, SCADA, DCS, RTU, HMI) son las más adecuadas para las diferentes áreas de la planta. Has de explicar cómo cada componente contribuirá a la optimización de los procesos y cómo se relacionan entre sí en el contexto de la digitalización de la industria.

¿Cuáles serían los sistemas y tecnologías de control que propondrías para integrar en una planta de producción automatizada? ¿Cómo se beneficiarían de cada componente en términos de digitalización y transformación industrial? Explica el rol y la conexión de cada tecnología en el sistema de control.

En el contexto de la ciberseguridad, la instrumentación industrial desempeña un papel fundamental en la protección y control de sistemas de alta criticidad. La instrumentación industrial recopila datos de operación de máquinas y procesos que son clave para la eficiencia, pero esta misma conectividad y dependencia de sistemas digitales introduce nuevos riesgos de seguridad. Los sensores, controladores y otros dispositivos de instrumentación pueden convertirse en objetivos de ciberataques que buscan interrumpir la producción, manipular datos operativos o incluso provocar daños físicos en los equipos.

Los dispositivos de instrumentación conectados están frecuentemente expuestos a redes externas o sistemas de TI. Esto puede abrir puertas a ataques si no se implementan adecuadas medidas de seguridad.

Explora cada uno de estos riesgos para comprender cómo impactan en la seguridad y en el funcionamiento de los sistemas industriales y qué medidas se pueden adoptar para mitigarlos:

- **Manipulación de datos críticos:** los ciberataques pueden alterar los datos de sensores (como la temperatura o la presión), lo que afecta la toma de decisiones operativas y puede llevar a fallos o accidentes.
- **Acceso no autorizado:** si los dispositivos de instrumentación carecen de controles de acceso, un atacante podría manipular la configuración del sistema o desactivar sensores clave, lo que comprometería la seguridad de toda la instalación.
- **Amenazas a la disponibilidad:** la interrupción del flujo de datos entre los dispositivos y los sistemas de control puede detener la producción, resultando en pérdidas financieras significativas.
- **Integridad de la operación:** la falsificación de datos recopilados por la instrumentación puede impactar negativamente la operación y llevar a decisiones incorrectas, lo que afectará a la calidad del producto y la seguridad.

IMPORTANTE

En ciberseguridad es esencial implementar controles de acceso, cifrado de datos en tránsito y medidas de monitoreo y respuesta, para proteger la instrumentación industrial y asegurar que los datos recopilados son confiables y seguros.

- -

Retomemos de nuevo el ejemplo en el que se ilustraba cómo era el proceso de conversión y transmisión de señales en una planta de tratamiento de agua. ¿Qué pasaría si en ese contexto se produce un ataque informático?

Podrían ocurrir varias situaciones críticas que afectarían a la operatividad y a la seguridad de la planta en su actividad para el tratamiento del agua. En un entorno industrial, como el de esta planta, cualquier interrupción o manipulación de las señales de control comprometería gravemente tanto el proceso operativo como la seguridad del sistema. Los ciberataques pueden adoptar diversas formas y afectar desde la integridad de los datos hasta el funcionamiento de los equipos en tiempo real.

A continuación, se describen algunos de los escenarios críticos que podrían derivarse de un ataque a estos sistemas:

- **Manipulación de los datos de nivel de agua.** Un ciberatacante podría alterar la señal digital enviada al PLC, haciendo que el sistema lea niveles de agua incorrectos. Esto podría causar ajustes erróneos en el flujo de entrada y salida de agua, lo que llevaría a un exceso o deficiencia en el nivel de agua del tanque. Esto no solo afectaría la eficiencia del proceso, sino que podría derivar en desbordamientos, o en el fallo del suministro de agua.

- **Interrupción de la señal de control.** Un *hacker* no ético podría bloquear la señal entre el sensor y el PLC, dejando al sistema sin información actualizada sobre el nivel de agua. Ante esta falta de datos, el sistema podría entrar en un estado de emergencia o simplemente detenerse, comprometiendo el flujo de agua y el rendimiento de la planta.

- **Sobrecarga del sistema mediante inyecciones de datos falsas.** En un ataque de tipo *data injection,* el atacante podría enviar una gran cantidad de señales falsas al PLC, lo que provoca que el sistema ejecute continuos ajustes desgastantes innecesarios. Esta sobrecarga podría llevar al sistema al fallo o disminuir su vida útil, además de requerir mantenimientos añadidos.

- **Desactivación de alarmas o notificaciones de seguridad.** Algunos sistemas están programados para activar alarmas cuando el nivel de agua sale de un rango seguro. Un *cracker* (*hacker* con intenciones maliciosas) podría manipular el sistema para desactivar estas alarmas, dejando al personal sin advertencia ante condiciones peligrosas.

- **Acceso no autorizado al control de flujo de agua.** Si el atacante obtiene acceso directo al PLC, podría tomar el control total sobre el flujo de entrada y salida de agua, con efectos potencialmente desastrosos como la contaminación o el desabastecimiento en la red de suministro.

NOTA

Para proteger este proceso, es clave conocer e implementar medidas de ciberseguridad específicas. Estas podrían ser múltiples, como la segmentación de la red, el uso de *firewalls* y sistemas de detección de intrusos (IDS), el acceso restringido al PLC y la encriptación de las señales.

5. Identificación de sistemas de comunicaciones industriales

☞ HILO CONDUCTOR

Para Mario, el próximo paso es entender las redes industriales que interconectan los dispositivos. Estas redes deben ser seguras y eficaces para transmitir datos críticos entre los dispositivos en tiempo real.

Los **sistemas de comunicaciones industriales** representan la columna vertebral de la conectividad en los entornos de operación y producción. Permiten la transmisión de datos críticos entre máquinas, sensores, controladores y sistemas de monitoreo en tiempo real. Estos sistemas son clave para la gestión eficiente y segura de los procesos industriales, por lo que comprenderlos es esencial para los profesionales de la ciberseguridad en entornos OT (tecnologías de la operación).

5.1. La importancia de los sistemas de comunicación en la industria

A diferencia de las redes de comunicación convencionales, las redes industriales necesitan cumplir con requisitos específicos de velocidad, precisión y alta disponibilidad, ya que una interrupción en el flujo de datos afectaría directamente la seguridad y la continuidad de los procesos industriales. Estas redes se encuentran en sectores esenciales, donde cualquier problema en la comunicación puede derivar fácilmente en fallos operativos e, incluso, en peligros para la seguridad de las personas.

Existen varios tipos de redes que se utilizan en la industria para comunicar equipos y sistemas. Cada una está diseñada con características particulares que se adaptan a las exigencias de diferentes entornos y necesidades de transmisión de datos.

A continuación, indagaremos en los tipos de redes industriales más comunes, sus características y aplicaciones específicas:

⊃ **Redes de área local industrial** *(Industrial Ethernet)*. El *Industrial Ethernet* es una variante del Ethernet convencional, adaptada para ambientes industriales. Su fortaleza radica en su capacidad de integración con redes informáticas convencionales y en su compatibilidad con protocolos industriales. Permite la comunicación de alta velocidad entre PLC, sensores y otros dispositivos industriales. Por ejemplo, en una línea de producción de una planta automotriz, el *Industrial Ethernet* conecta diferentes robots y sistemas de control en tiempo real para garantizar la precisión en el ensamblaje.

- **Bus de campo** *(Fieldbus)***.** Los buses de campo permiten la conexión de sensores, actuadores y dispositivos de control distribuidos en la planta sin necesidad de una infraestructura de cableado complejo. Algunos ejemplos conocidos son ***Profibus, Modbus*** **y** ***CAN bus.*** Estos buses de comunicación son muy confiables y están diseñados para operar en condiciones industriales. Por ejemplo, en una planta química, los buses de campo permiten la comunicación entre sensores de temperatura y presión y el sistema de control central, manteniendo un control preciso de las condiciones de los reactores.

- **Redes de área amplia industrial (WAN industrial).** Las WAN industriales conectan ubicaciones industriales a grandes distancias, como varias fábricas o plantas. Utilizan tecnologías como MPLS *(Multiprotocol Label Switching)* o conexiones por satélite para asegurar la conectividad entre diferentes centros. Por ejemplo, en una empresa energética que gestiona varias plantas, la WAN industrial permite el monitoreo y control remoto de instalaciones en ubicaciones geográficas dispersas, consiguiendo optimizar la administración de importantes recursos energéticos.

- ***Wireless*** **industrial** *(Wi-Fi, Bluetooth, Zigbee)***.** Las tecnologías de comunicación inalámbrica son cada vez más habituales en entornos industriales, especialmente en zonas donde el cableado es impracticable. Wifi industrial, *Zigbee* y *Bluetooth LE (Low Energy)* permiten la comunicación sin cables, aunque también deben aplicarse el añadir medidas adicionales de seguridad para prevenir accesos no autorizados. Por ejemplo, en un almacén automatizado, el wifi industrial permite la comunicación en tiempo real entre vehículos autónomos y el sistema de gestión de inventarios, sin necesidad de la presencia de redes físicas.

 ## ACTIVIDAD COMPLEMENTARIA

3. Las redes industriales *(Industrial Ethernet, Fieldbus, WAN industrial* y *wireless industrial)* son clave para conectar máquinas, sensores y sistemas en tiempo real. Cada red tiene ventajas y limitaciones según el entorno y los requisitos de velocidad, precisión y disponibilidad.

Continúa en página siguiente >>

<< Viene de página anterior

Evalúa:

· Las ventajas y limitaciones de cada red.
· En qué entornos industriales serían más efectivas y por qué.
· Los desafíos y riesgos de seguridad en su implementación.

Selecciona una red, expón sus aplicaciones y analiza cómo tecnologías emergentes, como la inteligencia artificial, podrían mejorar su seguridad y eficiencia.

5.2. Protocolos de comunicación en la industria

Los **protocolos de comunicación industrial** son estándares que permiten a los dispositivos de diferentes fabricantes y tipos comunicarse de manera eficaz y eficiente dentro de un sistema integrado. Estos protocolos actúan como el lenguaje que los dispositivos utilizan para intercambiar datos y pueden adaptarse a los requisitos específicos de seguridad, rendimiento, velocidad y tipo de información que deben transmitir en los entornos OT.

A continuación, descubriremos algunos de los **protocolos** más empleados en los sectores industriales:

⮑ ***Profibus* y *Profinet*.** Ambos son estándares desarrollados por Siemens. Son ampliamente utilizados en redes de automatización. *Profibus* es común en **buses de campo,** mientras que *Profinet* es un protocolo de Ethernet industrial. Su popularidad en la industria se debe a su flexibilidad y alta capacidad de integración.
Por ejemplo, en una planta de embotellado, *Profibus* conecta los sensores de nivel y de flujo de las máquinas de llenado, mientras que *Profinet* se utiliza para coordinar el sistema de transporte de botellas.
⮑ ***Modbus*.** *Modbus* es uno de los protocolos industriales más antiguos y ampliamente utilizados. Funciona en modo maestro-esclavo y permite la comunicación entre dispositivos de campo y sistemas de control.
Por ejemplo, en una planta de tratamiento de agua, el protocolo *Modbus* permite que las bombas, válvulas y sensores se comuniquen con el sistema SCADA para gestionar el flujo de agua.
⮑ ***OPC UA*.** *(Open Platform Communications Unified Architecture)* es un protocolo de comunicación de datos que permite la interoperabilidad entre dispositivos y sistemas de diferentes proveedores en la industria. Su arquitectura segura y estandarizada lo hace ideal para integrar dispositivos IoT y servicios en la nube.

Por ejemplo, en una fábrica de electrónica, *OPC UA* permite que los datos de diferentes máquinas y sistemas se unifiquen y se analicen en una plataforma central de monitoreo.

⮞ **DNP3.** *(Distributed Network Protocol 3)* es un protocolo que se utiliza en infraestructuras críticas, como la energía, para garantizar comunicaciones seguras y robustas en condiciones adversas. Es común en sistemas SCADA y permite un monitoreo confiable de los procesos.

Por ejemplo, en una red de distribución eléctrica, el protocolo *DNP3* conecta las subestaciones con el centro de operaciones para asegurar un flujo de energía estable y monitorizado.

 **APLICACIÓN PRÁCTICA**

Los protocolos son conocidos por su arquitectura segura y estandarizada, que facilita la interoperabilidad entre dispositivos. ¿Qué protocolo de comunicación se destaca en la industria por su capacidad de integrar dispositivos de diferentes fabricantes?

Solución

OPC UA es un protocolo estandarizado y seguro que facilita la interoperabilidad entre dispositivos y sistemas de distintos fabricantes en el sector industrial.

- -

5.3. Seguridad en sistemas de comunicación industrial

De nuevo, la ciberseguridad en esta área de los sistemas de comunicación industrial es fundamental, debido a la sensibilidad de los datos transmitidos y al impacto potencial de una brecha de seguridad. Estos sistemas deben firmemente protegerse de ciberamenazas, como el acceso no autorizado, la manipulación de datos, los ataques de denegación de servicio, etc.

A continuación, abordaremos algunas medidas clave de protección básica que ayudan a mitigar estos riesgos y asegurar que los sistemas industriales operen con la mayor seguridad posible:

⮞ **Autenticación y autorización.** La autenticación se basa en el uso de credenciales seguras (como contraseñas complejas, certificados digitales o autenticación multifactor), lo que asegura que solo los usuarios autorizados accedan a los sistemas. Los sistemas de autorización permiten definir y gestionar permisos específicos para cada usuario, limitando el acceso a funciones y datos críticos solo a personal autorizado.

➲ **Cifrado de datos.** El cifrado en redes industriales se realiza mediante protocolos como TLS *(Transport Layer Security)* o IPSec, para asegurar que los datos transmitidos estén codificados y sean ilegibles sin la clave de descifrado adecuada. Esto previene que datos sensibles, como instrucciones de control o información de sensores, sean interceptados y utilizados malintencionadamente.

➲ **Monitorización continua.** Se emplean sistemas de monitoreo basados en tecnologías SIEM *(Security Information and Event Management)*, que registran y analizan actividades en tiempo real. Estas herramientas permiten la identificación temprana de patrones sospechosos, envían alertas automáticas ante posibles amenazas y proporcionan registros detallados para su análisis forense.

➲ *Firewalls* **y segmentación de redes.** La segmentación se realiza utilizando firewalls que filtran el tráfico según reglas definidas y VLAN para crear subredes aisladas dentro de la red industrial. Esta arquitectura limita la propagación de amenazas al separar zonas críticas (como el sistema de control) de otras áreas de la red, conteniendo ataques potenciales en segmentos específicos y reduciendo el impacto en el sistema global.

5.4. Futura labor en la ciberseguridad de comunicaciones industriales

La ciberseguridad en las comunicaciones industriales es un campo en constante evolución, especialmente ante el incremento sostenido de ciberataques a infraestructuras críticas.

Los sistemas de comunicación industrial en entornos de tecnologías de la operación (OT) están cada vez más expuestos, debido a la integración de dispositivos conectados y el acceso remoto a través de redes industriales y sistemas SCADA.

En este contexto, el papel de los **profesionales de la ciberseguridad** se vuelve esencial para garantizar la protección de estos sistemas frente a ataques que podrían perfectamente interrumpir operaciones críticas, comprometer la integridad de los datos y poner en riesgo la seguridad física de las instalaciones propias y del entorno, además de la integridad del personal y de la ciudadanía.

Según el **Instituto Nacional de Ciberseguridad (INCIBE),** los ataques a sistemas de control industrial han aumentado significativamente en los últimos años, con un incremento del 24 % en incidentes reportados en el sector industrial entre 2019 y 2022 (INCIBE, 2022). Estas cifras reflejan una tendencia alarmante, ya que estos ataques no solo afectan la disponibilidad y funcionalidad de los sistemas, sino que también tienen el potencial de causar pérdidas económicas y daños a la reputación de las organizaciones afectadas.

Los atacantes buscan cada vez más explotar vulnerabilidades en los sistemas de comunicación industrial, ya que su compromiso puede derivar en la paralización de procesos productivos, lo que genera un impacto significativo en la cadena de suministro.

Para enfrentarnos a estos desafíos, los expertos en ciberseguridad OT deben desarrollar competencias avanzadas en la identificación de vulnerabilidades y en el despliegue de herramientas de monitoreo y control que aseguren una supervisión continua del tráfico y la actividad de la red. La labor de anticipar amenazas y establecer protocolos de respuesta inmediata es fundamental para evitar que las intrusiones se transformen en incidentes de mayor escala. Asimismo, la cooperación con equipos multidisciplinarios, que incluyan especialistas en procesos industriales, permite diseñar estrategias de defensa que estén alineadas con los objetivos operativos y de seguridad de la organización. En este sentido, los profesionales deben estar preparados para gestionar incidentes de seguridad de manera rápida y eficaz, limitando el impacto y restaurando la operatividad del sistema en el menor tiempo posible.

PARA SABER MÁS

En el artículo titulado "Las tendencias de ataque en el sector industrial durante 2023" (INCIBE, 2023) se exploran las principales amenazas a las que se enfrenta el sector industrial en la actualidad. El INCIBE detalla cómo el incremento de la digitalización y la conectividad en entornos industriales han ampliado la superficie de ataque, con lo que supone de exposición de los sistemas de control y las redes OT a riesgos como el *ransomware,* los ataques a la cadena de suministro y el acceso no autorizado a infraestructuras críticas. Además, se destacan las medidas de protección recomendadas para mitigar estos riesgos, incluyendo el monitoreo continuo, la implementación de autenticación robusta y la segmentación de redes. Este recurso es ideal para aquellas personas interesadas en conocer las tendencias actuales y en profundizar en estrategias de ciberseguridad específicas para proteger sistemas industriales.

Puedes acceder al artículo desde aquí, para explorar en mayor profundidad estas tendencias y recomendaciones:

https://redirectoronline.com/ifct00500201

 TAREA 2

Aguatecnik es una empresa que ha decidido modernizar sus sistemas de control y automatización en el tratamiento y subestación del agua. Para ello, implementará diversos protocolos de comunicación industrial que permitan la conectividad eficaz y segura entre los dispositivos en sus plantas de producción. Como ingeniero de sistemas de control, tu tarea es proponer un plan de implementación de estos protocolos. Debes considerar los diferentes protocolos disponibles y seleccionar el más adecuado para cada sección de la planta, explicando cómo cada protocolo beneficiará al funcionamiento de cada área.

Continúa en página siguiente >>

<< Viene de página anterior

¿Cuáles serían los protocolos clave que elegirías para integrar en una planta industrial automatizada? ¿Cómo asegurarías cada uno la conectividad y el rendimiento necesarios en cada caso? Explica los pasos de implementación y la funcionalidad de cada protocolo.

---

6. Resumen

En la era moderna, el uso de **tecnologías avanzadas** como la **robótica,** la **inteligencia artificial** y el **internet de las cosas,** entre otras, permite que los **sistemas de producción** respondan automáticamente a los cambios en el entorno o la demanda del mercado. Un **sistema automatizado** puede ajustar la velocidad de producción o realizar un mantenimiento predictivo cuando detecta posibles fallos, minimizando así el tiempo de inactividad.

La automatización en la fabricación industrial permite hoy en día una mayor capacidad de producción, flexibilidad y calidad en el proceso, con lo que asegura que las empresas puedan satisfacer las demandas del mercado con eficiencia y consistencia.

La **evolución de la tecnología industrial** ha sido impulsada por una serie de revoluciones clave que, a lo largo del tiempo, han transformado profundamente los métodos de producción, la eficiencia operativa y las capacidades tecnológicas de la industria.

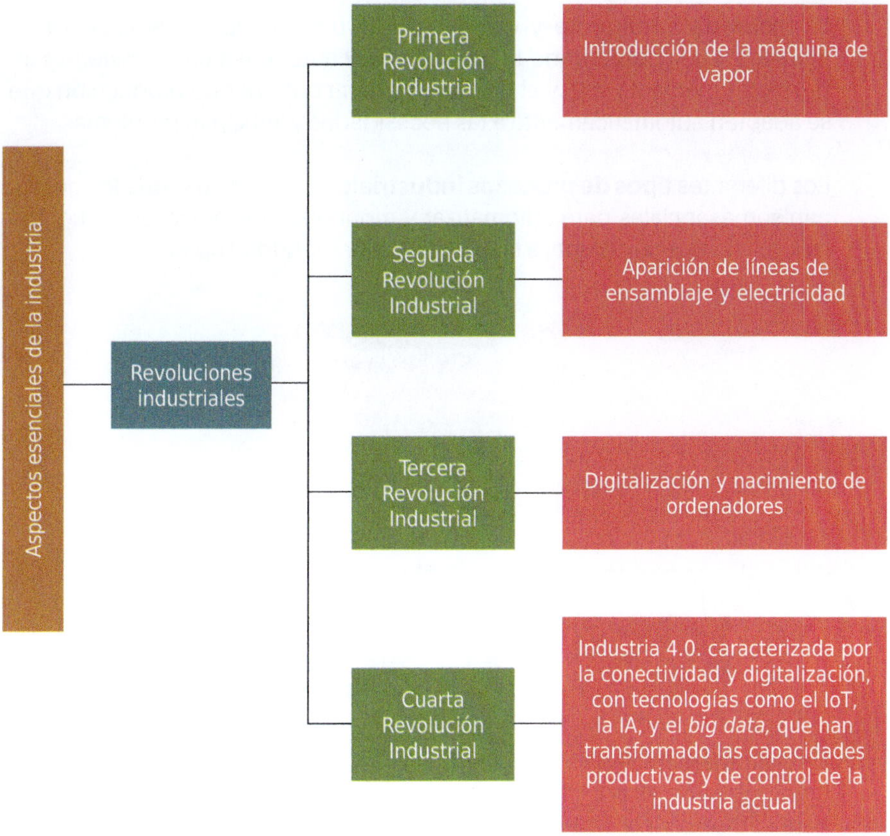

Aspectos esenciales de la industria

- Revoluciones industriales
  - Primera Revolución Industrial — Introducción de la máquina de vapor
  - Segunda Revolución Industrial — Aparición de líneas de ensamblaje y electricidad
  - Tercera Revolución Industrial — Digitalización y nacimiento de ordenadores
  - Cuarta Revolución Industrial — Industria 4.0. caracterizada por la conectividad y digitalización, con tecnologías como el IoT, la IA, y el *big data*, que han transformado las capacidades productivas y de control de la industria actual

La **Industria 4.0** simboliza una revolución digital en el sector industrial, pues introduce tecnologías avanzadas que permiten una interconexión constante entre dispositivos y sistemas.

La digitalización de los procesos mejora la eficiencia, permitiendo decisiones en tiempo real y optimización continua de los recursos.

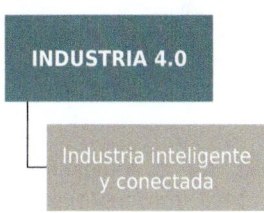

INDUSTRIA 4.0
- Industria inteligente y conectada

La **industria inteligente y conectada** es un concepto que extiende la Industria 4.0, incorporando la inteligencia y autonomía en los sistemas industriales mediante la IA y el IoT, para generar entornos de producción que se adaptan automáticamente a las necesidades y anticipan problemas.

Los diferentes **tipos de procesos industriales** y los sistemas que los gestionan son esenciales para automatizar y monitorear los procesos en tiempo real, con lo que se garantiza la eficiencia y la seguridad operativa.

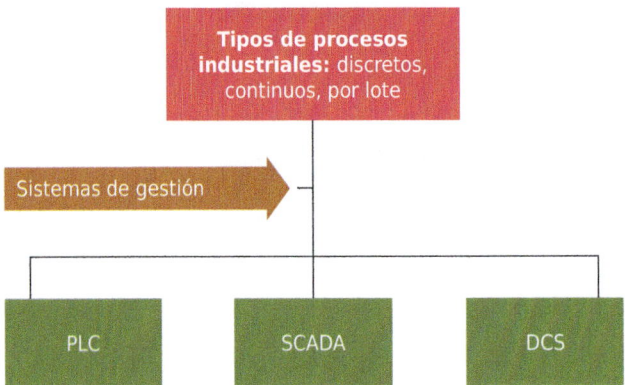

La instrumentación en los sistemas industriales juega un rol esencial en la monitorización y control de procesos. Se utilizan **sensores** y **conversores** para capturar y convertir datos físicos en señales eléctricas que el sistema de control puede interpretar, permitiendo ajustes automáticos en los procesos y optimización continua.

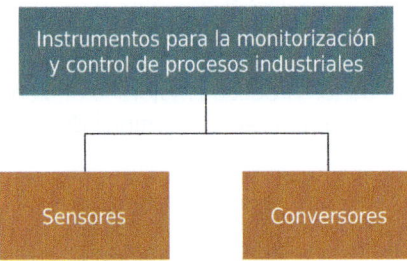

Por otra parte, las redes de comunicación industrial son clave para la conectividad en tiempo real entre los dispositivos. Estos sistemas de comunicación facilitan la transmisión segura y confiable de datos críticos para la operación.

Sin embargo, toda esta comunicación no sería posible sin los conocidos **protocolos de comunicación,** alguno de los cuales destacan por su interoperabilidad y seguridad, soportando comunicaciones robustas en ambientes industriales, esenciales para la integración de dispositivos y sistemas de diferentes fabricantes.

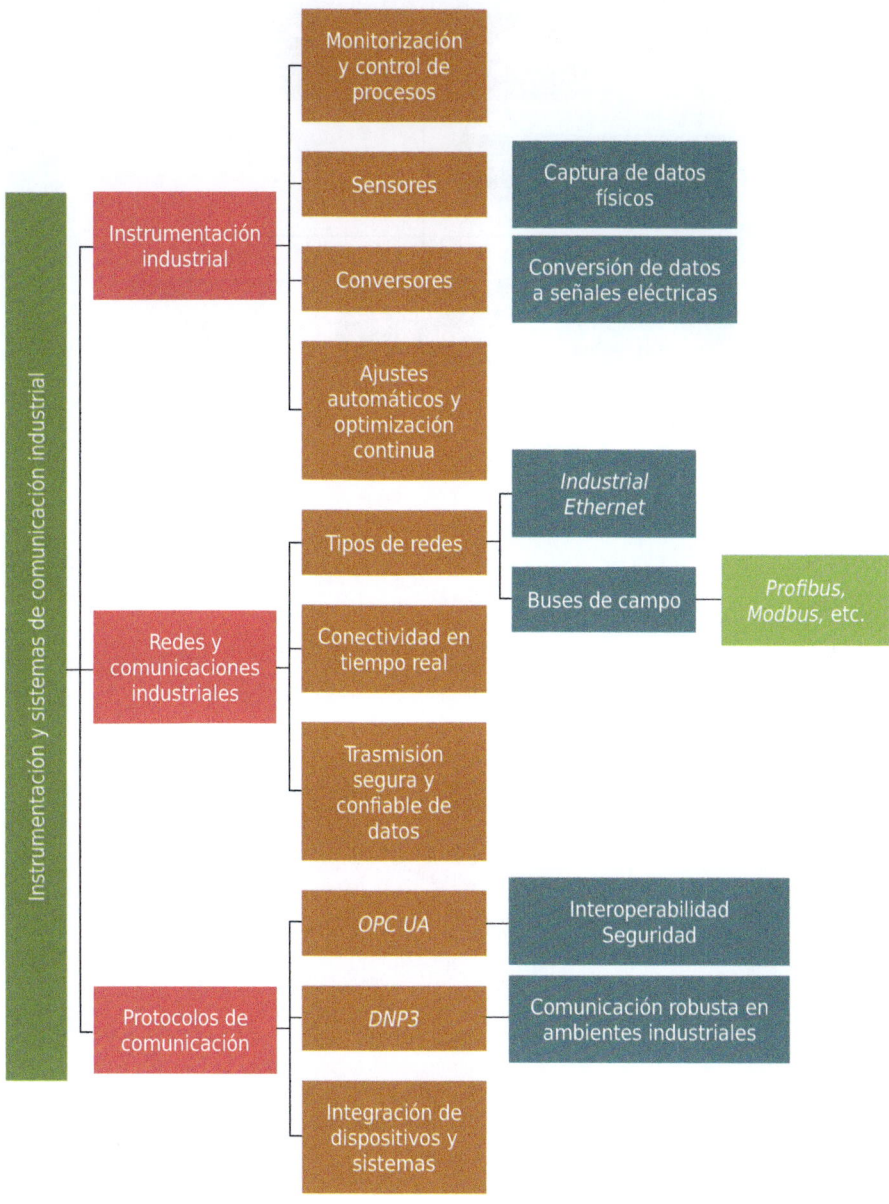

La ciberseguridad en los sistemas de comunicación industrial es crítica, debido a los riesgos que amenazan la integridad y disponibilidad de los datos. Algunas estrategias, como la **autenticación** y **la autorización,** el **cifrado de datos** y el **monitoreo continuo** protegen las redes industriales de amenazas externas, garantizando la continuidad de los procesos industriales.

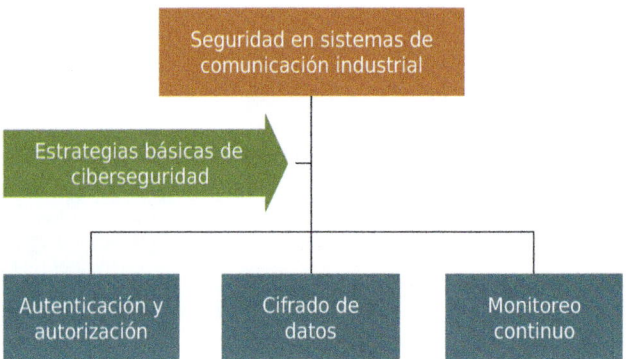

Ejercicios de autoevaluación
Unidad de Aprendizaje 1

1. Indica si las siguientes afirmaciones son verdaderas o falsas.

a. Conocer los fundamentos industriales de las tecnologías de la operación (OT) en el control de procesos resulta básico, debido al impacto directo que tienen en la eficiencia y seguridad de las infraestructuras críticas.

- ■ Verdadero
- ■ Falso

b. La convergencia entre OT e IT permite una mayor automatización y recopilación de datos.

- ■ Verdadero
- ■ Falso

c. No es necesario comprender cómo funcionan los sistemas de control y la instrumentación de OT para crear estrategias de protección adecuadas, aplicar medidas de *hardening* y gestionar los riesgos de forma eficaz, con idea de garantizar la continuidad y resiliencia de los procesos industriales ante posibles ciberataques.

- ■ Verdadero
- ■ Falso

2. ¿Qué caracteriza a los sistemas de control automático?

a. Requieren supervisión constante.
b. Funcionan independientemente una vez configurados.
c. Son poco precisos en el control de temperatura.
d. Son más comunes en la industria tradicional.

3. ¿Qué representa la Cuarta Revolución Industrial?

a. La integración avanzada de tecnologías digitales en la industria.
b. La introducción de los sistemas manuales de control.

c. El desarrollo de la electricidad.
d. El uso de cadenas de montaje en producción.

4. ¿Qué elemento permite a los sistemas de control mantener variables críticas dentro de rangos seguros?

a. Control PID
b. Control SCADA
c. DCS
d. HMI

5. ¿Qué tecnología industrial ayuda a predecir la necesidad de mantenimiento de maquinaria?

a. *Big data*
b. *Fieldbus*
c. *HMI*
d. *Control PID*

6. ¿Qué es una RTU?

a. Unidad terminal remota
b. Un tipo de sensor de presión
c. Un sistema de monitoreo humano
d. Un conversor de voltaje a corriente

7. ¿Cuál es la principal función de un sistema SCADA?

a. Recopilar datos en tiempo real de dispositivos de control.
b. Ejecutar procesos manuales en planta.
c. Controlar redes de área amplia.
d. Realizar pruebas de penetración.

8. ¿En qué consiste la transformación digital en la industria?

a. Crear más sistemas manuales de producción.
b. Aumentar el uso de energía eléctrica.
c. Monitorear y optimizar procesos en tiempo real.
d. Reducir el uso de tecnologías avanzadas.

9. ¿Qué sistema permite la interacción directa entre operarios y máquinas?

    a. HMI (interfaz hombre-máquina)
    b. DCS
    c. SCADA
    d. RTU

10. ¿Cuál es un ejemplo de un proceso discreto en la industria?

    a. Fabricación de alimentos en lotes
    b. Refinado de petróleo
    c. Tratamiento de agua
    d. Producción de automóviles

Introducción a los fundamentos industriales de las tecnologías de la operación en sistemas industriales de comunicación y producción

Contenido

Objetivos

El objetivo general de esta unidad de aprendizaje es:

→ Desarrollar una comprensión integral de los fundamentos industriales relacionados con las tecnologías de la operación, con el foco en sistemas avanzados de fabricación, comunicación industrial y producción, así como en la integración de herramientas tecnológicas para optimizar procesos y garantizar la seguridad en entornos industriales modernos.

Los objetivos específicos de esta unidad de aprendizaje son:

→ Comprender las ventajas y aplicaciones prácticas de EtherCAT en la sincronización y comunicación de dispositivos industriales.

→ Identificar tecnologías clave de automatización, robotización y gestión de materiales.

→ Obtener conocimientos para la automatización de la securización de sistemas.

→ Conocer los sistemas y protocolos que soportan la comunicación y producción industrial.

→ Asimilar los conocimientos y habilidades para la ejecución de programación de PLC.

→ Asociar los niveles ISA-95 con la creación de una base estructurada para integrar maquinaria industrial, sistemas MES y PLC, esenciales para la transición de la Industria 4.0 a la Industria X.0.

→ Evaluar y reforzar los conocimientos de ciberseguridad industrial, mediante la ejecución de seis escenarios de ataque y defensa, definidos en la plataforma Cybertix-Cybring para redes industriales, para profundizar en los conocimientos de forma práctica.

1. Introducción

La industria moderna se encuentra en un constante proceso de evolución tecnológica, impulsada por avances que redefinen la producción, la comunicación y la gestión de sistemas en tiempo real. Este contexto ha dado lugar a la **Industria X.0,** una etapa avanzada que supera las fronteras de la **Industria 4.0,** integrando la digitalización y la automatización con enfoques más centrados en la sostenibilidad, la conectividad y la personalización.

La Industria X.0 o industria inteligente se caracteriza por el uso de herramientas innovadoras, como la inteligencia artificial, el internet de las cosas, los gemelos digitales y la robotización colaborativa, tecnologías que transforman no solo los procesos productivos, sino también las formas de interacción entre máquinas, datos y personas. Estos sistemas permiten una toma de decisiones más precisa en tiempo real y abren camino hacia un modelo de fabricación sostenible y flexible.

En esta segunda unidad se profundizará en los fundamentos industriales de las tecnologías de operación, centrándonos en los sistemas avanzados de fabricación, la robotización, la gestión de materiales, la identificación mediante RFID y los pilares de la automatización industrial. Además, se explorarán las herramientas y metodologías que permiten digitalizar operaciones y mejorar la eficiencia en los entornos de producción.

A través del análisis de casos prácticos, como la historia de Mario, se descubrirá cómo estas tecnologías se aplican en escenarios reales y cómo contribuyen a afrontar los desafíos que plantea la modernización industrial. Este enfoque práctico busca reforzar los conceptos teóricos, facilitando la transición hacia un conocimiento aplicable y esencial para los profesionales de la industria.Principio del formularioFinal del formulario

2. *EtherCAT*

 HILO CONDUCTOR

Mario ahora es un ingeniero con experiencia en la modernización de sistemas industriales. Se enfrenta a un nuevo reto: optimizar la sincronización y comunicación entre los dispositivos de control y los sensores en una línea de producción

Continúa en página siguiente >>

<< Viene de página anterior

de alta velocidad. Tras analizar varias opciones, descubre *EtherCAT,* un protocolo diseñado para la comunicación en tiempo real. Intrigado por su capacidad de reducir la latencia y aumentar la precisión, Mario decide implementar esta tecnología en una línea de ensamblaje en su planta industrial. Pero antes necesita entender en profundidad cómo funciona *EtherCAT* y cómo aprovechar sus ventajas en un entorno de producción crítico.

EtherCAT *(Ethernet for Control Automation Technology)* es un protocolo de comunicación desarrollado por Beckhoff Automation para entornos industriales que requieren transmisión de datos en tiempo real.

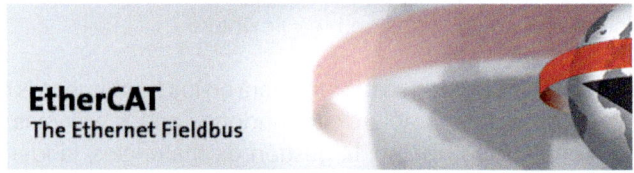

EtherCAT combina la robustez del Ethernet tradicional con características avanzadas diseñadas específicamente para aplicaciones críticas en la industria, como son el control de movimiento, la robotización y la automatización de procesos.

 **SABÍAS QUE...**

EtherCAT puede procesar hasta 1.000 dispositivos por segmento de red, con un tiempo de ciclo inferior a un milisegundo. Esto lo convierte en una de las tecnologías más rápidas en comunicación industrial.

2.1. Características principales de *EtherCAT*

EtherCAT destaca por ser una solución innovadora que transforma la comunicación en los entornos industriales. Diseñado para responder a las exigencias de precisión, velocidad y flexibilidad, *EtherCAT* permite optimizar procesos críticos con gran eficiencia. Para comprender a fondo por qué es tan revolucionario, se exploran sus características principales.

A continuación se explica cómo *EtherCAT* puede marcar la diferencia en los sistemas industriales, a través de sus características:

- **Arquitectura de paso de datos *(on-the-fly)*.** *EtherCAT* utiliza una innovadora arquitectura de paso de datos. Esto significa que los paquetes de datos viajan a través de los dispositivos sin detenerse para que sean procesados. En lugar de eso, cada dispositivo en la red lee o escribe directamente en los paquetes mientras estos están en tránsito.
  Esta característica reduce drásticamente los tiempos de latencia, haciendo de *EtherCAT* una solución perfecta para aplicaciones en las que la velocidad es crítica.
- **Sincronización precisa.** Con *EtherCAT* la sincronización es impecable, gracias a su sistema de reloj distribuido. Este garantiza que las desviaciones sean menores a un nanosegundo, un nivel de precisión ideal para aplicaciones como la robotización y el control de movimiento.
  En un sistema de robotización, la sincronización precisa asegura que múltiples robots trabajen en perfecta armonía, con lo cual se evitan errores y se mejora la productividad.
- **Compatibilidad.** *EtherCAT* no requiere *hardware* especial para funcionar, ya que es compatible con las interfaces de Ethernet estándar. Esto significa que puede integrar en redes existentes sin tener que hacer inversiones añadidas en infraestructura.
- **Eficiencia en el uso del ancho de banda.** En lugar de enviar múltiples paquetes, *EtherCAT* agrupa todos los datos en uno solo, optimizando el uso del ancho de banda y reduciendo la sobrecarga. Esto no solo mejora el rendimiento, sino que también permite manejar redes complejas sin comprometer la velocidad.
  Esta característica es particularmente útil en entornos en que una gran cantidad de dispositivos necesitan comunicarse simultáneamente.

 **APLICACIÓN PRÁCTICA**

Cristina, una ingeniera encargada de modernizar una planta de producción, está considerando implementar *EtherCAT* en sus sistemas para mejorar la eficiencia y la sincronización de los procesos. Basándote en las características principales de *EtherCAT*, ¿cuál de las siguientes características reduce significativamente los tiempos de latencia, haciendo que sea ideal para aplicaciones donde la velocidad es crítica?

Continúa en página siguiente >>

<< Viene de página anterior

- **Sincronización precisa**
- **Arquitectura de paso de datos *(on-the-fly)***
- **Compatibilidad con Ethernet estándar**
- **Eficiencia en el uso del ancho de banda**

Solución

La arquitectura de paso de datos de *EtherCAT* permite que los paquetes sean procesados directamente por los dispositivos sin detenerse, lo que reduce drásticamente los tiempos de latencia y optimiza la velocidad del sistema. Esta característica es fundamental para aplicaciones que requieren respuestas rápidas y sincronización precisa. Si seleccionaste otra opción, vuelve a repasar las características principales de *EtherCAT* para entender mejor su impacto en los entornos industriales.

2.2. Aplicaciones de *EtherCAT* en la industria

EtherCAT ha revolucionado múltiples sectores industriales, al ofrecer soluciones eficientes para la comunicación en tiempo real. Sus aplicaciones son amplias. Destaca en áreas que demandan precisión, velocidad y sincronización. A continuación, se explora cómo *EtherCAT* transforma industrias clave:

Control de movimiento	Automatización de procesos
- *EtherCAT* sobresale en el control de movimiento gracias a su capacidad para coordinar múltiples motores en tiempo real. Por ejemplo, en fábricas de maquinaria CNC o de control numérico informatizado, como fresadoras, tornos, cortadoras láser o impresoras 3D, garantizan cortes y ensamblajes de alta precisión, decisivos en la fabricación de componentes aeroespaciales, donde los errores son inaceptables.	- En plantas de procesamiento de alimentos, *EtherCAT* asegura la sincronización en tiempo real entre sensores de temperatura, actuadores y sistemas SCADA. Esto permite un control preciso de las condiciones de cocción, lo cual garantiza estándares de calidad y seguridad alimentaria.

Continúa en página siguiente >>

<< Viene de página anterior

Robotización
- En la industria automotriz, *EtherCAT* facilita la comunicación fluida entre robots y controladores en líneas de ensamblaje. Esto se traduce en una mayor productividad y reducción de tiempos de ciclo, factores esenciales para mantenerse competitivo en este sector.

La maquinaria CNC es fundamental en la industria moderna porque combina automatización, precisión y eficiencia, lo que permite fabricar piezas complejas que cumplen con altos estándares de calidad. Esta maquinaria ha revolucionado la industria al combinar diseño, programación y automatización para fabricar piezas con una precisión extraordinaria. Desde pequeñas empresas hasta grandes plantas industriales, se utilizan para optimizar procesos, reducir tiempos y garantizar resultados consistentes.

◁◇▷ EJEMPLO

Un ingeniero mecánico puede usar CAD *(Computer-Aided Design,* diseño asistido por computadora) para diseñar un motor con todas sus piezas y simular su funcionamiento antes de fabricarlo, lo que ahorra tiempo y reduce errores.

Pero, ¿cómo logran estas máquinas transformar un diseño en una pieza terminada con tanta exactitud?

Anímate a indagar cada paso esencial en el funcionamiento de una máquina CNC y sus ventajas. A continuación, comprenderás cómo estas herramientas combinan creatividad, tecnología y automatización para alcanzar un nivel de precisión y eficiencia que transforma la producción industrial:

1. **Diseño en CAD.** Los ingenieros y diseñadores utilizan *software* especializado para crear modelos tridimensionales detallados de las piezas.

Se diseña la pieza a través de *software* de diseño asistido por computadora (CAD).

CAD es una tecnología que utiliza *software* especializado para crear, modificar, analizar y optimizar diseños en 2D o 3D. Este tipo de diseño es muy utilizado en ingeniería, arquitectura, fábricas y muchas otras disciplinas que requieren precisión y eficiencia en la planificación y desarrollo de productos.

Las principales características de CAD son:

- ◊ **Visualización precisa:** permite a los diseñadores crear modelos tridimensionales detallados antes de la fabricación.
- ◊ **Simulación:** se pueden realizar pruebas virtuales para evaluar el comportamiento del diseño en diferentes condiciones.
- ◊ **Edición sencilla:** cambiar dimensiones, materiales o formas es más rápido que en los métodos tradicionales.
- ◊ **Interconexión con CAM:** los diseños se integran fácilmente con *software* de fabricación asistida por computadora (CAM) para el control de máquinas CNC.

2. **Conversión a CAM.** Existe un proceso que convierte el diseño en CAD en instrucciones prácticas que la máquina CNC puede interpretar. El diseño CAD se convierte en instrucciones específicas mediante un *software* CAM.

3. **Programación con G-code.** El lenguaje especializado traduce las instrucciones en movimientos precisos para la maquinaria. Estas instrucciones se traducen a un código CNC (como G-code), que la máquina interpreta para realizar los movimientos.

4. **Ejecución.** La máquina CNC ejecuta cada paso para convertir el diseño en una pieza real, utilizando herramientas como brocas, cuchillas o láseres.

 SABÍAS QUE...

El G-code, el lenguaje que guía las máquinas CNC, se basa en comandos simples que describen movimientos y operaciones, como "moverse a tal coordenada" o "cortar a esta profundidad".

Las ventajas clave de la maquinaria CNC son:

- Reducción de errores humanos: automatizando procesos, las piezas cumplen con estándares de calidad consistentes.

Continúa en página siguiente >>

<< Viene de página anterior

- Ahorro de tiempo: la programación y ejecución minimizan los tiempos de producción.
- Mayor precisión: ideal para diseños complejos con tolerancias mínimas.
- Flexibilidad: cambiar entre proyectos es tan sencillo como actualizar el programa de la máquina.

2.3. Ventajas de *EtherCAT*

EtherCAT se ha posicionado finalmente como una tecnología revolucionaria en el sector industrial, gracias a sus múltiples beneficios. Estas ventajas lo convierten en la elección preferida para diversas aplicaciones industriales como la manufacturera, la robótica y la automatización de procesos.

Analiza cada uno de los siguientes aspectos para explorar en detalle ciertas **ventajas** de *EtherCAT:*

- ⮕ **Alta velocidad.** *EtherCAT* procesa miles de entradas y salidas en menos de un milisegundo, con lo cual hace ultrarrápida la comunicación entre dispositivos. Este nivel de velocidad es clave en entornos donde cada segundo cuenta, como por ejemplo en líneas de ensamblaje automatizadas o control de movimiento en maquinaria CNC.
- ⮕ **Flexibilidad en la topología.** Con configuraciones adaptables en línea, estrella o anillo redundante, *EtherCAT* se ajusta perfectamente a las necesidades específicas de cada industria. Por ejemplo, en una planta automotriz, la topología en anillo asegura comunicación continua incluso en caso de fallos en un segmento.
- ⮕ **Escalabilidad.** Desde redes pequeñas con pocos dispositivos hasta complejas infraestructuras industriales con miles de equipos, *EtherCAT* es la solución ideal para sistemas en expansión. Su diseño escalable lo convierte en un aliado estratégico para empresas en crecimiento.
- ⮕ **Reducción de costes.** Al ser compatible con Ethernet estándar, *EtherCAT* elimina la necesidad de adquirir *hardware* costoso y especializado. Esto no solo reduce gastos, sino que también simplifica el proceso de integración en las redes existentes.

TAREA 3

Imagina que estás al frente de una planta de producción industrial donde la sincronización precisa y la eficiencia operativa son críticas para garantizar la productividad. En este entorno, debes gestionar la comunicación perfecta entre 200 dispositivos industriales en tiempo real. *EtherCAT*, con sus características avanzadas, promete ser la solución ideal para este desafío.

¿De qué manera crees que la alta velocidad de *EtherCAT* puede optimizar los tiempos de ciclo en una planta con alta demanda? ¿Por qué la precisión en la sincronización es fundamental para evitar fallos en los procesos industriales? ¿Cómo pueden las configuraciones flexibles de red de *EtherCAT* ayudar a diseñar una infraestructura más eficiente y adaptable? Si tu planta crece y necesitas añadir más dispositivos, ¿cómo consideras que la escalabilidad de *EtherCAT* sería una ventaja estratégica? Proporciona una breve respuesta a cada pregunta.

- -

EtherCAT se diferencia de otros protocolos industriales como *Profibus* o *Modbus* en su capacidad para manejar grandes volúmenes de datos con una latencia mínima. Mientras que *Profibus* requiere tiempos de espera entre dispositivos, *EtherCAT* procesa paquetes en tiempo real, lo cual hace que esta tecnología sea más eficiente en aplicaciones críticas.

👁 EJEMPLO

Lucas decide implementar *EtherCAT* en la línea de producción de su fábrica textil. El sistema coordina motores, sensores de tensión y cortadoras automáticas, lo que mejora la precisión de las operaciones en un 25 % y reduce las paradas por fallos de sincronización en un 40 %. Con *EtherCAT*, Lucas logra optimizar los procesos en su fábrica, demostrando cómo la tecnología avanzada mejora la eficiencia, reduce costes y garantiza una producción de calidad en tiempo real.

- -

⊕ PARA SABER MÁS

Si deseas profundizar en los conceptos, características y aplicaciones de *Ether-CAT,* puedes visitar la página oficial de Beckhoff Automation en español. Este sitio proporciona una visión completa sobre cómo *EtherCAT* mejora los procesos industriales mediante su alta velocidad, flexibilidad y precisión. Accede a Beckhoff EtherCAT, desde aquí:

https://redirectoronline.com/ifct00500202

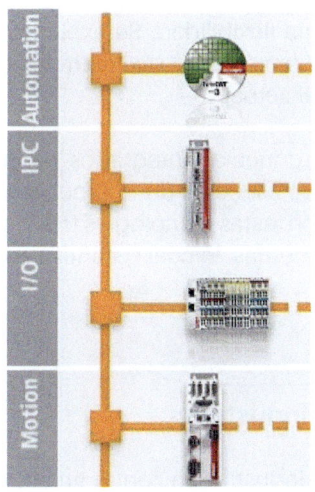

Esquema general del sistema EtherCAT

3. Sistemas de producción integrados

☞ HILO CONDUCTOR

Con la implementación de *EtherCAT* en marcha, Mario comienza a comprender que la comunicación eficiente es solo una parte del rompecabezas. Su siguiente tarea es integrar los sistemas de producción para crear un flujo de trabajo automatizado y eficiente. Desde la automatización de procesos hasta la gestión de materiales y la identificación mediante sistemas RFID, Mario aprende a conectar y sincronizar los diferentes componentes de la planta. Este proceso no solo mejorará la productividad, sino que también permitirá a la planta adaptarse rápidamente a los cambios en la demanda del mercado.

La integración de sistemas de producción es la base sobre la cual se construye la industria moderna. Estos sistemas permiten conectar diferentes procesos, maquinaria y herramientas para optimizar la eficiencia, reducir costos y aumentar la flexibilidad. Se exploran los componentes clave que conforman estos sistemas, cómo se interrelacionan y por qué son vitales en el entorno industrial actual.

Los sistemas de producción integrados permiten una gestión eficiente y precisa de todos los aspectos de la producción. Desde la automatización hasta la robotización, estas tecnologías transforman la manera en que operan las fábricas modernas, lo cual garantiza competitividad en un mercado global.

3.1. Automatización industrial

La automatización industrial se centra en el uso de tecnologías y sistemas para operar maquinaria y procesos sin intervención humana directa, con el objetivo de lograr una mayor precisión y productividad.

Sin duda, la automatización revoluciona la forma en que operan las fábricas modernas. Descúbrelo a través de sus aplicaciones y ventajas:

- **Sistemas SCADA y PLC.** Los sistemas de supervisión y adquisición de datos (SCADA) y los controladores lógicos programables (PLC) son esenciales en la automatización.

- Los SCADA permiten monitorear y controlar procesos industriales en tiempo real.
- Los PLC ejecutan instrucciones específicas para operar con la maquinaria.

➲ **Beneficios de la automatización**

- Reducción de costes operativos.
- Consistencia en la calidad del producto.
- Mayor seguridad, al reducir la exposición humana a condiciones peligrosas.

 EJEMPLO

En una planta de embotellado, un sistema automatizado controla el flujo de botellas, desde el llenado hasta el etiquetado, para que la producción sea uniforme y eficiente.

 SABÍAS QUE...

El primer PLC fue desarrollado en 1968 para la industria automotriz. Eso marcó el inicio de la automatización moderna.

 APLICACIÓN PRÁCTICA

La automatización industrial utiliza sistemas como SCADA y PLC para optimizar los procesos industriales. Según las ventajas que aporta la automatización, ¿cuál es un beneficio clave que asegura la uniformidad en la calidad del producto?

Continúa en página siguiente >>

<< *Viene de página anterior*

Solución

La automatización industrial garantiza la consistencia en la calidad del producto, ya que los sistemas SCADA y PLC eliminan variaciones humanas y mantienen procesos estandarizados. Este beneficio asegura que los productos cumplan con los estándares definidos, con lo cual mejora la eficiencia y se reducen los errores.

- -

3.2. Gestión materiales y sistemas de identificación

La gestión eficiente de materiales es clave para mantener la productividad y minimizar el desperdicio en las líneas de producción. Los **sistemas de identificación,** como los **códigos de barras** y las **etiquetas RFID,** permiten rastrear materiales y productos en tiempo real.

Imagina una fábrica donde cada componente se rastrea automáticamente desde su llegada hasta la entrega del producto terminado. ¿Cómo es posible? A continuación, podrás descubrirlo explorando las tecnologías de identificación:

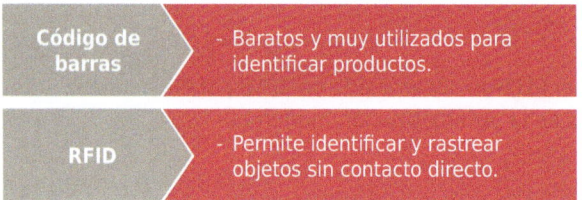

Códigos de barras

Los **códigos de barras** son una tecnología de identificación basada en un conjunto de líneas y espacios paralelos de diferentes grosores. Cada código representa datos específicos, que pueden ser leídos mediante escáneres ópticos. En la gestión moderna de materiales y productos, los códigos de barras han revolucionado la forma en que se identifican y se rastrean las mercancías. Esta tecnología, que parece simple a primera vista, permite almacenar datos clave sobre un producto, como su identificación única, ubicación y detalles de inventario, en un formato fácil de leer por dispositivos electrónicos.

Descubre a continuación cómo funciona la tecnología de los códigos de barras, desde su estructura hasta el proceso de escaneo que transforma las líneas en datos valiosos:

- **Estructura.** Un código de barras almacena información en un formato visual, lo que se traduce a datos al ser escaneado.
  Los datos codificados suelen incluir información básica del producto, como el número de referencia, el lote, el precio o la ubicación en inventario.
- **Lectura de datos.** Un lector de códigos de barras o escáner óptico emite un láser o luz led sobre el código.
  La luz reflejada se traduce en señales electrónicas, que el escáner convierte en información digital. Este proceso identifica el producto y accede a su información en una base de datos conectada.
- **Trazabilidad.** Aunque el código de barras solo contiene información básica, esta se enlaza a un sistema de gestión que registra su ubicación, historial de movimientos y estado en tiempo real.
  Por ejemplo, al escanear un producto en una línea de producción o en un almacén, el sistema actualiza automáticamente su posición y estatus.

Los códigos de barras han sido durante décadas una solución confiable para la identificación y el rastreo de productos en diferentes industrias. Su implementación económica y su facilidad de uso los han convertido en una herramienta clave en la gestión de inventarios y la logística. Sin embargo, como cualquier tecnología, también presentan algunas limitaciones que es importante considerar.

Interactúa con los apartados a continuación para explorar en detalle las ventajas que ofrecen los códigos de barras y las consideraciones que debes tener en cuenta al utilizarlos.

- **Ventajas:**

  - Es económico y fácil de implementar.
  - Resulta adecuado para aplicaciones simples de identificación y rastreo.

- **Limitaciones:**

  - Requiere contacto visual directo con el lector.
  - La etiqueta debe estar limpia y sin daños para ser leída.

RFID

Por otra parte, a medida que los procesos industriales se vuelven más complejos, la **tecnología RFID** *(Radio Frecuency Identification)* o identificación por radiofrecuencia ofrece una solución avanzada para rastrear y gestionar objetos sin necesidad de contacto físico ni línea de visión directa. Este sistema utiliza etiquetas inteligentes que contienen datos detallados sobre un producto, lo cual facilita la trazabilidad y mejora la eficiencia en la cadena de suministro.

Descubre cómo la tecnología RFID captura, almacena y transmite información de forma eficiente, lo que revoluciona la gestión de materiales en entornos industriales:

Componentes principales

- **Etiqueta RFID:** contiene un microchip y una antena. El microchip almacena información, como el número de serie, el lote de fabricación y datos adicionales relevantes para el producto.
- **Lector RFID:** emite ondas de radio para activar la etiqueta y recibe los datos transmitidos.
- **Sistema de gestión:** integra la información recibida y la actualiza en tiempo real.

Tipos de etiquetas RFID

- **Pasivas:** dependen de la energía emitida por el lector para funcionar. Son más económicas y tienen un alcance limitado (de unos pocos centímetros a metros).
- **Activas:** incorporan una batería interna que amplía su alcance y capacidad, llegando hasta cientos de metros.

Lectura de datos

- Cuando el lector RFID emite una señal, la etiqueta responde transmitiendo la información almacenada en su chip.
- Esta comunicación puede ocurrir a distancia y sin requerir alineación directa entre el lector y la etiqueta.

Trazabilidad

- Las etiquetas RFID permiten el rastreo continuo y automático de productos a medida que se mueven por la cadena de suministro.
- Los datos incluyen información sobre el historial completo del producto: fabricación, transporte, almacenamiento y venta.

La tecnología RFID ha transformado la manera en que las industrias gestionan y controlan sus procesos. Desde el seguimiento de inventarios hasta la optimización de cadenas de suministro, esta tecnología ofrece rapidez, precisión y eficiencia. Sin embargo, como cualquier herramienta innovadora, presenta tanto ventajas destacables como limitaciones, que deben ser comprendidas antes de implementarla en un entorno industrial.

Descubre información básica sobre **ventajas** e **inconvenientes** que ofrece la tecnología RFID:

Ventajas de RFID	Inconvenientes de RFID
- **Lectura rápida y sin contacto.** Los sistemas RFID permiten leer múltiples etiquetas simultáneamente, sin necesidad de contacto visual directo. Esto agiliza procesos como el control de inventario y la gestión de activos. - **Alta capacidad de almacenamiento.** Las etiquetas RFID pueden almacenar más datos que un código de barras, incluyendo información dinámica como fechas de caducidad, historial de mantenimiento o rutas de transporte. - **Durabilidad y reutilización.** Las etiquetas RFID son resistentes a condiciones adversas como humedad, polvo y temperaturas extremas, lo que las hace ideales para entornos industriales. Asimismo, algunas son degradables, lo que permite su reutilización. - **Automatización y precisión.** Al integrarse con sistemas de gestión, RFID reduce errores humanos y automatiza tareas como el seguimiento en tiempo real, lo que mejora la eficiencia operativa. - **Mayor alcance de lectura.** A diferencia de los códigos de barras, que requieren proximidad, las etiquetas RFID pueden ser leídas a distancia. Estas varían según la tecnología, desde centímetros hasta varios metros.	- **Coste elevado.** Las etiquetas, los lectores y la infraestructura asociada tienen un coste inicial considerablemente, mayor que otras tecnologías como los códigos de barras. Esta circunstancia puede ser un impedimento para pequeñas empresas. - **Interferencias y limitaciones técnicas.** La lectura de etiquetas puede verse afectada por materiales metálicos, líquidos o interferencias electromagnéticas, lo cual puede limitar su efectividad en ciertos entornos. - **Problemas de seguridad y privacidad.** Al ser legibles a distancia, las etiquetas RFID pueden ser vulnerables a accesos no autorizados o a la clonación de datos, un motivo de preocupación sobre la seguridad importante. - **Compatibilidad limitada.** No todos los sistemas RFID son compatibles entre sí. Esto dificulta la integración con equipos o tecnologías existentes. - **Mantenimiento y actualizaciones.** La infraestructura de RFID requiere mantenimiento regular y actualizaciones para seguir siendo eficiente; en consecuencia, aumentan los costes operativos a largo plazo.

NOTA

La combinación de sistemas RFID con herramientas de análisis de datos permite tomar decisiones basadas en información en tiempo real.

ACTIVIDAD COMPLEMENTARIA

4. Reflexiona sobre las siguientes preguntas relacionadas con los sistemas de identificación y su impacto en la industria.

   ¿Qué tecnología de identificación (códigos de barras o RFID) consideras que tiene un mayor impacto en la gestión de materiales actualmente? ¿Por qué?

   ¿A qué retos crees que se enfrenta la implementación de RFID, en comparación con los códigos de barras, en pequeñas y grandes empresas?

   ¿Cómo podría la combinación de sistemas de identificación con el análisis de datos en tiempo real transformar aún más la gestión de materiales?

   ¿Cuál consideras que es el próximo paso en la evolución de tecnologías de identificación en la industria?

3.3. Robotización industrial

Se llama **robotización industrial** a la integración de sistemas robóticos automatizados en procesos de producción y operaciones industriales. Estos robots están diseñados para realizar tareas específicas, como por ejemplo el ensamblaje, la soldadura, la manipulación de materiales, la gestión inteligente de almacén o las inspecciones de calidad, con una precisión y velocidades superiores a las capacidades humanas.

La robotización es un pilar fundamental tanto de la Industria 4.0 como de la industria inteligente, al impulsar la conexión y el análisis en tiempo real entre robots, sistemas de control y redes de datos.

La robotización está transformando la manera en que operan las fábricas en todo el mundo. Desde tareas repetitivas hasta procesos complejos, los robots no solo aumentan la productividad, sino que también ofrecen soluciones seguras y flexibles para los entornos más exigentes.

Descubre las claves que hacen de la robotización industrial una herramienta esencial para el éxito empresarial y qué impacto puede tener en sus procesos, a través de sus **características:**

- ➲ **Automatización avanzada:** los robots son capaces de realizar tareas repetitivas y complejas de manera autónoma, liberando a los trabajadores para enfocarse en actividades más estratégicas.
- ➲ **Flexibilidad:** los robots permiten ser programados y adaptados para diferentes aplicaciones y procesos, ofreciendo soluciones personalizadas para cada necesidad.
- ➲ **Eficiencia:** gracias a su precisión y rapidez, los robots industriales minimizan los tiempos de ciclo, aumentando significativamente la eficiencia de las líneas de producción.
- ➲ **Seguridad:** con robots realizando tareas peligrosas o físicamente exigentes, la seguridad en el lugar de trabajo alcanza un nuevo nivel de protección a tus empleados.

Existe una clasificación general de **tipos de robots industriales.** Por una parte están los **robots articulados** y por otra los reconocidos en la industria como **cobots.**

Seguidamente, aprenderás a distinguir los diferentes tipos de robots:

Robots articulados
- Son flexibles y versátiles. Se utilizan en campos como la soldadura y el ensamblaje, entre muchos otros.
- Por ejemplo, en automoción los robots articulados ensamblan vehículos con alta precisión.

Cobots
- Son robots colaborativos que trabajan junto a los profesionales técnicos realizando tareas compartidas.
- Por ejemplo, en el sector alimentario, los cobots son capaces de empacar productos delicados.

 **SABÍAS QUE...**

Los primeros robots industriales se implementaron en la década de 1960 para ensamblar coches en la industria automotriz.

Hoy, en una línea de ensamblaje los robots colaborativos trabajan junto a los operarios, para mejorar la productividad y reducir la carga física.

3.4. RFID y otros protocolos de identificación

La integración de la robotización industrial con tecnologías de identificación, como **RFID y otros protocolos avanzados,** está transformando las cadenas de producción hacia un modelo más eficiente, automatizado y preciso. Estas tecnologías se complementan para maximizar el rendimiento industrial y proporcionar soluciones que antes eran impensables.

A continuación, se ve cómo estas tecnologías trabajan juntas para automatizar tareas críticas, mejorar la flexibilidad en los procesos, optimizar la eficiencia y garantizar un mayor control en la cadena de producción:

➲ **Relación clave: automatización y trazabilidad:**

- ↻ **RFID y la precisión de los robots.** Los robots pueden utilizar lectores RFID para identificar y manipular materiales o productos en tiempo real sin necesidad de un contacto físico. Esto garantiza que cada componente sea manejado correctamente según su ubicación, sus especificaciones y su estado en la línea de producción.
- ↻ **Automatización inteligente.** La combinación de robots con protocolos de identificación permite automatizar procesos críticos, como la clasificación, el ensamblaje y el empaquetado, con lo que se asegura que las decisiones sean basadas en datos precisos proporcionados por las etiquetas RFID.

➲ **Flexibilidad y adaptabilidad en procesos personalizados:**

- ↻ **Los robots equipados con lectores de RFID y otros protocolos** tienen la capacidad de adaptarse dinámicamente a diferentes escenarios y tareas en función de la información recibida de las etiquetas. Por ejemplo, al identificar un lote específico de piezas, el robot podría cambiar su configuración para realizar operaciones personalizadas.

➲ **Eficiencia optimizada con datos en tiempo real:**

- ↻ **Sincronización con sistemas de gestión.** La información recogida por RFID se integra en tiempo real con sistemas de gestión (ERP, WMS). Esto permite a los robots actuar con rapidez y precisión, y así evitar retrasos o errores en la producción.

➲ **Seguridad y control en la cadena de producción:**

- ↻ **Evitar errores humanos.** Los robots, guiados por datos de identificación como RFID, minimizan los riesgos de errores humanos en tareas críticas. Esto es especialmente útil en los procesos en que la trazabilidad es vital, como en la industria alimentaria o farmacéutica.
- ↻ **Monitoreo avanzado.** Los protocolos como RFID permiten rastrear el estado de los productos mientras los robots los manipulan, para permitir que cumplan con los estándares de calidad y seguridad.

IMPORTANTE

El uso de robots industriales con protocolos de identificación como RFID marca el futuro de la industria. La automatización y la conectividad son la clave para alcanzar niveles de productividad y precisión sin precedentes.

La robotización industrial y las tecnologías de identificación trabajan juntas para crear un entorno de fabricación verdaderamente inteligente. Esta integración no solo aumenta la eficiencia, sino que también permite a las empresas recopilar datos valiosos, que pueden ser utilizados para la mejora continua y la toma de decisiones estratégicas.

Las tecnologías de identificación, como RFID, se han convertido en un instrumento clave para la gestión eficiente de materiales en el ecosistema industrial y en los distintos sectores productivos. Por ello, es importante conocer otras tecnologías o protocolos de identificación que permitan tener un control completo sobre cada etapa de la producción, para certificar que todo funcione de manera precisa y organizada.

No olvides que, gracias a los sistemas de identificación industrial, es posible:

- **Llevar a cabo un seguimiento continuo.** Los materiales y productos se rastrean automáticamente en tiempo real mientras se mueven a través de las etapas de la cadena de suministro.
- **Optimizar inventarios.** Al identificar la ubicación exacta de los productos, se evita el desabastecimiento o el exceso de *stock*.
- **Automatizar procesos.** Los sistemas RFID y otras tecnologías de identificación pueden perfectamente integrarse en la maquinaria robotizada para automatizar tareas como la clasificación y el ensamblaje, entre otras muchas tareas.

A continuación, se explorará en detalle cómo otros sistemas de identificación distintos a RFID logran este nivel de control:

- **NFC:** el acrónimo NFC hace referencia a *Near Field Communication* o comunicación de campo cercano. Se trata de una tecnología de comunicación inalámbrica de corto alcance que permite el intercambio de datos entre dispositivos compatibles, generalmente a una distancia de hasta 10 centímetros.

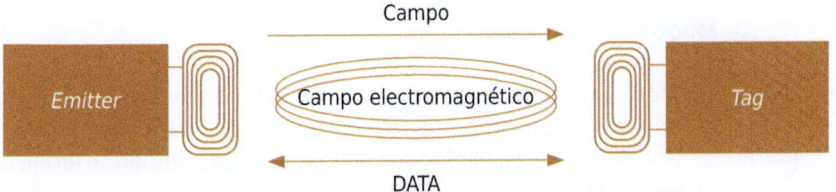

NFC es muy utilizada en aplicaciones como pagos móviles, autenticación de productos, control de acceso y transferencia de datos de manera rápida y segura. Resulta ideal, por tanto, para operaciones de corto alcance.

◗ **BLE:** *Bluetooth Low Energy*, también conocido como *Bluetooth* de bajo consumo, es una tecnología inalámbrica diseñada para transmitir datos utilizando muy poca energía.

BLE es una versión optimizada del protocolo Bluetooth tradicional enfocada en aplicaciones en que el bajo consumo energético es fundamental, como dispositivos portátiles, sensores y soluciones de rastreo.

Tanto NFC como BLE tienen protocolos robustos para el intercambio de datos, pero también presentan **riesgos** que los hacen puntos de atención para los ciberatacantes. Es esencial utilizar encriptación, autenticación y configuraciones de seguridad adecuadas para minimizar las vulnerabilidades.

Por otra parte, hay que considerar que la elección entre NFC y BLE dependerá de varios factores: el caso de uso, el rango necesario y las medidas de protección que se puedan implementar.

Tanto NFC como BLE utilizan protocolos inalámbricos para el intercambio de datos entre dispositivos, pero tienen diferencias clave en su funcionamiento, lo cual también influye en los riesgos de seguridad y en cómo los atacantes pueden aprovechar vulnerabilidades.

Descubre cuáles son los **factores** diferenciadores de estas tecnologías de intercambio de datos:

◗ **Comunicación en NFC.** NFC es un protocolo inalámbrico que funciona mediante inducción electromagnética en el rango de radiofrecuencia 13,56 MHz. Es un sistema de comunicación de corto alcance, generalmente hasta 10 cm, y utiliza dos modos de operación:

⊃ **Modos de operación:**

  ◗ **Modos de operación activo:** ambos dispositivos (emisor y receptor) generan su propio campo electromagnético para intercambiar datos. Por ejemplo, dos teléfonos inteligentes que compartan archivos a través de NFC.
  ◗ **Modo de operación pasivo:** solo un dispositivo genera el campo electromagnético (el lector), mientras que el otro (la etiqueta NFC) utiliza esa energía para enviar sus datos. Por ejemplo, una tarjeta de pago NFC que interactúa con un terminal o datáfono.

⊃ **Protocolo de comunicación:**

  ◗ **Intercambio de datos:** los datos se dividen en pequeños paquetes según el protocolo NFCIP-1 (ISO/IEC 18092). Cada paquete está conformado por la cabecera y el cuerpo:

    ⇕ **Cabecera:** información de control sobre el tipo y el tamaño del paquete.
    ⇕ **Cuerpo:** los datos reales que se transfieren (por ejemplo, detalles de transacciones o archivos).

  ◗ **Transferencia dúplex:** NFC permite la comunicación bidireccional, pero, debido a su corto alcance, los paquetes son transmitidos de forma secuencial y rápida.

⊃ **Riesgos de ciberseguridad:**

  ◗ *Eavesdropping* **(escucha no autorizada):** con esta tecnología, un atacante sería capaz de interceptar los datos si está a menos de 1 m, con equipos especializados.
  ◗ *Relay attacks* **(ataques de retransmisión):** el ciberatacante utiliza un dispositivo intermedio para interceptar y retransmitir los datos entre el emisor y el receptor.
  ◗ **Clonación de etiquetas NFC:** las etiquetas NFC pueden ser copiadas si no están protegidas con una encriptación adecuada.

⊃ **Comunicación en BLE.** BLE es una tecnología basada en el estándar Bluetooth 4.0 o superior. Está diseñada para intercambiar datos a baja energía en rangos de hasta 100 m, dependiendo del entorno. Funciona en la banda de frecuencia 2,4 GHz.
⊃ **Protocolos de comunicación BLE:**

◔ BLE utiliza un modelo basado en GATT *(Generic Attribute Profile)* para el intercambio de datos. Este modelo organiza la comunicación en los siguientes términos:

⇕ **Periférico:** dispositivo que envía datos (por ejemplo, un sensor).
⇕ **Central:** dispositivo que recibe los datos (por ejemplo, un *smartphone).*

El intercambio de datos ocurre a través de los siguientes pasos:

1. **Publicidad *(Advertising).*** El periférico envía mensajes de *broadcast* anunciando su presencia, incluyendo su identificador y las capacidades disponibles.
2. **Conexión.** Cuando un dispositivo central responde al periférico se establece un canal de comunicación seguro utilizando la técnica de *hopping* (salto entre canales de radio).
3. **Intercambio de datos.** BLE divide los datos en paquetes pequeños, de hasta 31 *bytes* para publicidad y 251 *bytes* para datos activos. Los paquetes contienen:

⇕ **Cabecera:** indicadores de control (tipo de paquete, tamaño).
⇕ **Cuerpo:** los datos transmitidos (por ejemplo, lecturas de sensores o comandos).
⇕ **Utiliza el protocolo ATT *(Attribute Protocol)*** para identificar y organizar los datos mediante servicios y características.

⇨ **Seguridad BLE.** Para proteger los datos, BLE implementa medidas como el emparejamiento seguro.

◔ **Emparejamiento seguro *(Secure Pairing):*** BLE usa claves de encriptación generadas dinámicamente durante el proceso de emparejamiento. Estos modos son:

⇕ *Just Works:* sin autenticación, más vulnerable.
⇕ *Passkey Entry:* requiere introducir un pin.
⇕ *Out-of-Band* (OOB): utiliza un canal externo para validar la conexión.
⇕ **Encriptación AES-CCM:** después del emparejamiento, los datos se cifran con el estándar AES-128 para garantizar la privacidad.

⇨ **Riesgos de ciberseguridad:**

◔ *Sniffing* (**interceptación**): un atacante puede capturar paquetes si no están cifrados.

◉ **Man-in-the-Middle** (**MITM**): un ciberdelincuente puede insertar un dispositivo para interceptar y manipular datos si el emparejamiento no es seguro.

◉ **Replay attacks:** un *cracker* o *hacker* no ético puede reutilizar paquetes de datos válidos si no se implementan medidas como contadores o marcas de tiempo.

 TAREA 4

Imagina que trabajas como especialista en ciberseguridad para una empresa que está evaluando integrar tecnologías inalámbricas para la comunicación entre dispositivos en sus procesos industriales. Debes ayudar al equipo técnico a elegir entre NFC y BLE, considerando factores como el rango de alcance, la seguridad y la vulnerabilidad a ataques.

Reflexiona sobre las siguientes preguntas:

1. ¿Cómo influye el rango de alcance en la seguridad de cada tecnología?
2. ¿Por qué es importante la encriptación nativa en BLE para proteger los datos transmitidos?
3. Considerando las aplicaciones industriales, ¿en qué escenarios recomendarías NFC y en cuáles BLE?

Después de tu reflexión, crea una tabla comparativa entre ambas tecnologías que contenga las siguientes características: rango, vulnerabilidad, encriptación nativa y ataques comunes. La tabla ha de permitir conocer los sistemas y protocolos que soportan la comunicación y la producción industrial, comparando las características y riesgos de las tecnologías NFC y BLE.

Finalmente, propón algunas posibles medidas para mitigar estos riesgos.

4. Implementación de sistemas avanzados de fabricación

☞ HILO CONDUCTOR

Mario, ahora familiarizado con los sistemas integrados, recibe la misión de liderar la transición hacia tecnologías más avanzadas. Desde la clasificación de maquinaria industrial hasta la introducción de sistemas MES *(Manufacturing Execution Systems)*, Mario debe garantizar que los sistemas actuales sean capaces de adaptarse a un modelo de producción más inteligente y digitalizado. Además, aprende cómo herramientas como la fabricación asistida y la digitalización de operaciones industriales pueden revolucionar la eficiencia y la precisión en la planta, posicionándola a la vanguardia del sector.

La implementación de sistemas avanzados de fabricación es esencial para optimizar los procesos productivos en la industria moderna. Estos sistemas permiten integrar tecnología de punta para maximizar la eficiencia, mejorar la calidad y reducir los costes en toda la cadena de producción.

Seguidamente, se explora cómo se clasifican las máquinas industriales, qué papel desempeñan los **sistemas MES** y cómo las operaciones digitalizadas están revolucionando la fabricación.

Los sistemas MES (Manufacturing Execution Systems) o sistemas de ejecución de manufactura son plataformas de software diseñadas para gestionar, monitorizar y controlar los procesos de producción en tiempo real en entornos industriales. Su función principal es garantizar que las operaciones de fabricación se ejecuten con eficiencia, que se cumpla con los estándares de calidad y los plazos establecidos, y que se optimicen recursos.

4.1. Clasificación maquinaria industrial

La **maquinaria industrial** abarca una amplia gama de equipos diseñados para realizar tareas específicas en los procesos de fabricación, tratamiento, automatización, ensamblaje, trazabilidad, logística, etc. Conocer su clasificación es fundamental para seleccionar las herramientas adecuadas según las necesidades productivas.

 SABÍAS QUE...

¿Sabías que cada tipo de maquinaria tiene un impacto directo en la productividad y la calidad del producto final? Así es, cada tipo de máquina no solo influye en la velocidad y precisión de los procesos, sino que también define cómo se transforma, ensambla y manipula un producto en la línea de producción.

- -

La clasificación de la maquinaria industrial puede darse por diferentes **criterios:**

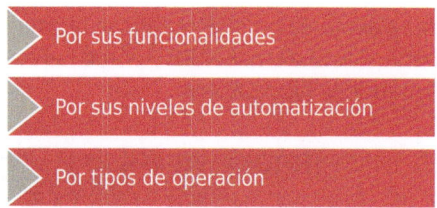

Por sus funcionalidades

Por sus niveles de automatización

Por tipos de operación

A continuación, se exploran estas **clasificaciones de maquinaria industrial** con más detalle:

➲ **Por su función:**

   ↻ **Maquinaria de producción.** Diseñada para transformar materias primas en productos finales mediante procesos como corte, moldeado o prensado. Algunos ejemplos:

     ↕ Tornos CNC para dar forma cilíndrica a piezas metálicas.
     ↕ Fresadoras para realizar cortes precisos en materiales como la madera o el metal.
     ↕ Prensas hidráulicas para moldear materiales a alta presión, como las piezas metálicas de los automóviles.

◗ **Maquinaria de ensamblaje.** Utilizada para unir componentes con rapidez y precisión, para mejorar la calidad del ensamblaje final. Estos son algunos ejemplos:

⇕ Robots de soldadura usados en la industria automotriz para soldar carrocerías.
⇕ Sistemas de atornillado automatizado comunes en la fabricación de electrodomésticos.
⇕ Máquinas de remachado para ensamblajes permanentes en estructuras metálicas.

◗ **Maquinaría de manipulación.** Diseñada para mover materiales o productos dentro de la planta de producción, para reducir tiempos y riesgos laborales. Algunos ejemplos:

⇕ Grúas puente para levantar y trasladar cargas pesadas en fábricas de acero.
⇕ Transportadores de banda para mover productos en líneas de producción.
⇕ Robots de *picking* usados en almacenes para seleccionar y preparar pedidos con alta precisión.

➲ **Por su nivel de automatización:**

◗ **Manual.** Totalmente operadas por personas, son ideales para tareas artesanales, personalizadas o de bajo volumen. Algunos ejemplos:

⇕ Las máquinas de corte manual, como las sierras de banco en las carpinterías.

◗ **Semiautomática.** Requieren intervención humana para configurar o iniciar procesos, pero automatizan pasos intermedios. Por ejemplo:

⇕ Las máquinas de corte por plasma semiautomáticas, en las que el operador posiciona la pieza y la máquina realiza el corte.

◗ **Automática.** Operan de forma autónoma y son controladas por sistemas computarizados. Ejemplo de esta maquinaria:

⇕ Las líneas de producción automatizadas, como en la industria de embotellado (los recipientes se llenan, se sellan y se etiquetan sin intervención de mano de obra humana).

⊃ **Por tipo de operación:**

◔ **Corte y mecanizado.** Equipos que moldean y dan forma a materiales mediante procesos de corte, perforación o torneado. Por ejemplo:

⇕ Fresadoras CNC para cortar y perforar metales con alta precisión.
⇕ Máquinas láser de corte usadas en la fabricación de chapas metálicas personalizadas.
⇕ Máquinas de torneado para fabricar piezas rotativas como ejes.

◔ **Montaje.** Maquinaria diseñada para unir piezas o componentes. Ejemplos:

⇕ Brazos robóticos propios en líneas automotrices para ensamblar puertas o parabrisas.
⇕ Sistemas de prensado y sellado utilizados para ensamblar piezas plásticas o metálicas.

◔ **Inspección y calidad.** Máquinas que verifican los estándares de calidad en los productos terminados. Por ejemplo:

⇕ Máquinas de visión artificial para detectar defectos en los productos electrónicos.
⇕ Sistemas de rayos X usados en la industria alimentaria para identificar contaminantes en los productos.
⇕ Sensores de precisión para medir las dimensiones y las tolerancias de las piezas fabricadas.

APLICACIÓN PRÁCTICA

Cada tipo de maquinaria tiene un impacto único en la productividad y la calidad de los procesos industriales. Según su clasificación, ¿cómo se denomina el grupo de máquinas diseñadas para mover materiales o productos dentro de una planta de producción?

Solución

La maquinaria de manipulación se compone de equipos diseñados específicamente para mover materiales o productos dentro de la planta, para reducir

Continúa en página siguiente >>

<< Viene de página anterior

tiempos y riesgos laborales. Ejemplos de este tipo de maquinaria son las grúas-puente, los transportadores de banda y los robots de *picking*, que optimizan la logística interna de la producción.

4.2. Sistemas MES de fabricación asistida

Los **Sistemas MES** *(Manufacturing Execution Systems)* son plataformas digitales que conectan, monitorizan y optimizan los procesos de fabricación en tiempo real. Su integración permite a las empresas alcanzar altos niveles de eficiencia y calidad.

Sus **funciones** son las siguientes:

- **Monitoreo de la producción.** Permite visualizar el estado de cada proceso en tiempo real, desde la llegada de los materiales hasta el producto final, identificando rápidamente los problemas o las desviaciones.
- **Gestión de recursos.** Asigna materiales y personal para maximizar la eficiencia. Estos sistemas coordinan y programan las órdenes de trabajo, asegurando que los recursos (equipos, materiales, personal, etc.) estén disponibles y optimizados. Proveen datos sobre la disponibilidad y el rendimiento de las máquinas, las herramientas y el personal, ayudando a maximizar la productividad y minimizar los tiempos muertos.
- **Control de calidad.** Detecta defectos durante la producción y registra los datos críticos. Los sistemas MES tienen integradas herramientas para verificar y documentar la calidad en cada etapa del proceso, para garantizar que los productos cumplan con las especificaciones establecidas.
- **Trazabilidad.** Garantiza el seguimiento completo desde las materias primas hasta el producto final. Los MES registran y rastrean toda la información relacionada con cada producto, lote o pedido, incluyendo materiales, procesos y tiempos. Es clave para industrias reguladas como la alimentaria o la farmacéutica.

 **EJEMPLO**

En una fábrica de alimentos, un sistema MES es capaz de rastrear la trazabilidad de los ingredientes, desde el proveedor hasta el consumidor, y asegurar con ello estándares de calidad y que se cumpla con la normativa.

 **SABÍAS QUE...**

Los sistemas MES no solo optimizan la producción, sino que también generan informes clave para tomar decisiones estratégicas.

Tecnología colaborativa

Las máquinas industriales y los Sistemas MES trabajan con eficiente sinergia para optimizar la producción industrial.

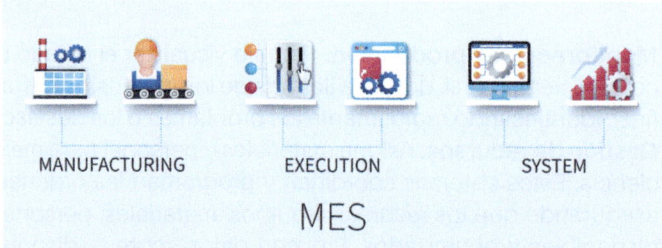

MANUFACTURING   EXECUTION   SYSTEM

MES

Mientras que las máquinas se encargan de ejecutar tareas específicas, como el corte, el ensamblaje, la inspección, etc., los sistemas MES actúan como un cerebro central que monitoriza, controla y coordina todas las operaciones en tiempo real.

Los MES recopilan datos directamente de las máquinas mediante sensores y protocolos de comunicación, con lo que permiten una supervisión detallada del rendimiento, la trazabilidad de los productos y la detección temprana de fallos.

Esta integración no solo mejora la eficiencia operativa, sino que también asegura una mayor calidad del producto final y una mejor toma de decisiones basada en datos precisos.

Funcionamiento de los Sistemas MES

Para comprender mejor el funcionamiento de los MES, imagina poder rastrear cada etapa de producción de un producto en tiempo real. Estos sistemas siguen cada fase de producción en directo mediante la integración de diversas tecnologías y procesos que capturan, procesan y analizan datos de las operaciones en curso.

A continuación, se describe cómo funciona este proceso de manera más precisa:

- **Conexión con máquinas y dispositivos.** Los MES se integran con máquinas industriales, sensores y dispositivos IoT para recopilar datos automáticamente de cada etapa del proceso. Estas conexiones utilizan protocolos estándar como *OPC UA* o *Modbus* para garantizar la comunicación entre sistemas.
- **Captura de datos en tiempo real.** Los sensores y los sistemas de identificación, como el RFID, los códigos de barras o la visión artificial, registran información relevante en cada punto del proceso. Por ejemplo:

  - Cuándo un material entra en una máquina
  - Qué operaciones se realizan sobre ese material
  - Qué anomalías o errores se detectan durante la producción

- **Asignación de identificadores únicos.** Cada lote o producto recibe un identificador único (como un código de barras o etiqueta RFID), lo que permite vincularlo con toda su información asociada, desde las materias primas utilizadas hasta las operaciones realizadas.
- **Actualización del estado en tiempo real.** A medida que el producto avanza en la línea de producción, los datos recopilados son enviados al sistema MES, que actualiza el estado de cada unidad o lote de forma inmediata y en tiempo real. Esta actualización contiene información, por ejemplo:

  - La etapa exacta en la que se encuentra
  - Los tiempos de procesamiento
  - Los resultados de las inspecciones de calidad

- **Integración con bases de datos y ERP.** Los MES almacenan toda la información en bases de datos centralizadas, que suelen estar conectadas con sistemas ERP *(Enterprise Resource Planning)*. Esto permite una visión global de la producción, desde la planificación hasta la entrega final.
- **Alertas y visualización.** Los operadores monitorean el avance de la producción a través de paneles de control o *dashboards,* que muestran gráficas, tablas y alertas en tiempo real. Si se detecta un problema, el sistema rápidamente genera notificaciones automáticas para que las personas responsables tomen medidas correctivas de inmediato basadas en información de valor.

Beneficios de los Sistemas MES

Una vez conocido el funcionamiento de los Sistemas MES y su trabajo colaborativo junto con las maquinaria industrial, es posible resumir brevemente cuáles son los beneficios que reportan.

Descubre a continuación la importante labor de MES en el sector industrial:

Eficiencia operativa
- Ayudan a reducir los desperdicios, los tiempos muertos y los costos asociados al manejo ineficiente de los recursos.

Toma de decisiones basadas en información de valor
- Proporcionan análisis en tiempo real que permiten a la gerencia tomar decisiones informadas y ágiles. Estos sistemas consiguen transformar los datos en información y la información en conocimiento.

Mejora de la calidad
- Garantizan el cumplimiento de estándares mediante controles en cada etapa de producción.

Cumplimiento normativo
- Al registrar y documentar procesos, facilitan el cumplimiento de regulaciones específicas en industrias como la automotriz, la alimentaria o la farmacéutica, entre otras.

Aplicaciones de los Sistemas MES

Los MES son utilizados en una amplia variedad de campos en el sector industrial. Descubre el impacto de estos sistemas en diversos tipos de industrias:

⊃ **Sector de la automoción.** Para optimizar líneas de ensamblaje y garantizar la trazabilidad de componentes:

    ◔ **Problema:** la falta de un sistema MES podría generar errores en las líneas de ensamblaje, como ensamblajes incorrectos o desajustes entre piezas y modelos de vehículos. La trazabilidad insuficiente de componentes dificultaría identificar defectos o rastrear el origen de un fallo, lo cual podría derivar en costosos retiros masivos de vehículos del mercado o denuncias colectivas.

◐ **Consecuencia:** pérdida de productividad, aumento de los costes de producción y riesgos para la seguridad de los usuarios debido a los posibles defectos no detectados.

➲ **Sector farmacéutico.** Para registrar cada fase del proceso de fabricación de medicamentos y cumplir con las regulaciones estrictas:

◐ **Problema:** sin un MES no habría un registro preciso y automatizado de cada fase del proceso de fabricación, lo cual dificultaría el poder garantizar la calidad y seguridad de los medicamentos. No cumplir con las regulaciones estrictas (como GMP o FDA) podría acarrear sanciones legales, multas y prohibiciones de comercialización.

◐ **Consecuencia:** riesgos para la salud de los pacientes por medicamentos de baja calidad y pérdida de credibilidad para la empresa farmacéutica y riesgos de salud pública.

➲ **Sector alimentario.** Para garantizar la calidad y la trazabilidad de los productos de consumo:

◐ **Problema:** sin un sistema MES, sería complejo garantizar la trazabilidad de los productos, lo cual dificultaría identificar rápidamente lotes contaminados en caso de alerta sanitaria. La calidad de los productos podría verse comprometida por falta de controles automatizados durante la producción.

◐ **Consecuencia:** riesgos para la salud pública, costes elevados por retiros de productos del mercado y daño a la reputación de la marca, y riesgos de salud pública.

➲ **Sector de la electrónica.** Para gestionar operaciones complejas en la producción de dispositivos tecnológicos:

◐ **Problema:** sin un MES, gestionar las operaciones complejas de producción de dispositivos tecnológicos se volvería propenso a errores humanos, retrasos y fallos en la calidad. La falta de trazabilidad dificultaría localizar problemas en los componentes, lo que afectaría a la eficiencia de los procesos de reparación o soporte técnico.

◐ **Consecuencia:** productos defectuosos en el mercado, aumento de devoluciones y pérdida de competitividad frente a empresas con procesos optimizados.

 **APLICACIÓN PRÁCTICA**

En el sector alimentario, ¿qué problema crítico podría surgir si no se implementa un Sistema MES para gestionar la calidad y trazabilidad de los productos de consumo?

Solución

En el sector alimentario, la falta de un sistema MES dificulta la trazabilidad de los productos, lo que puede generar demoras para identificar y retirar lotes contaminados en caso de darse una alerta sanitaria. Esto no solo afecta a la seguridad pública, sino también a la reputación de la marca. El problema puede derivar en significativas pérdidas económicas. Implementar un MES garantiza controles automatizados y una respuesta ágil ante cualquier incidente.

Con el siguiente ejemplo se podrá explorar cómo los sistemas MES no solo optimizan la producción y garantizan el cumplimiento normativo, sino que también fortalecen la ciberseguridad de una empresa. Se verá cómo MES protege datos críticos, registra actividades en tiempo real y asegura que los procesos productivos cumplan con estándares de seguridad. El objetivo es advertir cómo se puede evitar asumir riesgos que puedan comprometer tanto la calidad de los productos como la integridad de la infraestructura digital utilizando tecnología MES. En definitiva, podrás comprobar fácilmente cómo **un sistema MES puede convertirse en una herramienta clave para la seguridad y eficiencia de las empresas.**

👁 **EJEMPLO**

Una empresa del sector alimentario que implementa un sistema MES asegura el cumplimiento de estándares como el ISO 22000 (gestión de seguridad alimentaria) y también protege su infraestructura digital frente a ciberataques. MES registra, en un ecosistema digital controlado, cada fase del proceso productivo, documentando digitalmente datos críticos, usuarios autorizados, etc.

Continúa en página siguiente >>

<< Viene de página anterior

En cuanto a la optimización de la ciberseguridad, MES integra estas medidas tipo:

1. Control de accesos: significa que solamente el personal autorizado puede realizar modificaciones en los procesos o acceder a datos sensibles.
2. Registro de auditoría: permite que cada acción sea documentada, identificando actividades sospechosas o no autorizadas.
3. Protección de datos en tiempo real: los datos extraídos y analizados se almacenan en servidores seguros con protocolos de encriptación, lo que minimiza el riesgo de manipulación o sustracción.
4. Configuraciones de ciberseguridad automatizadas: evitan interrupciones en la producción por amenazas digitales. A esto se le llama eficiencia operativa.
5. Alertas inmediatas al equipo de TI, si ocurre una posible vulnerabilidad: esto permite una rápida toma de decisiones para contener el riesgo, por lo que esta empresa basa estas decisiones en información de valor.
6. Trazabilidad y controles integrados del MES: garantizan que los productos sean seguros, incluso frente a riesgos cibernéticos que podrían comprometer su integridad.

En este ejemplo, el uso de sistemas MES no solo asegura el cumplimiento de normativas operativas, sino que también se convierte en una herramienta esencial para cumplir con estándares de ciberseguridad, protegiendo tanto los procesos como los propios datos que gestiona la empresa.

4.3. Operaciones industriales digitalizadas: herramientas, evolución e implementación

Dentro del contexto de la **maquinaria industrial** y los **Sistemas MES,** los **PLC** *(Programable Logic Controller)* o **controladores lógicos programables** tienen un papel relevante. Funcionan como el puente entre el *hardware* de las máquinas y los sistemas de gestión avanzados. En este marco, los PLC son fundamentales para habilitar las **operaciones industriales digitalizadas,** un concepto central en la evolución de la industria moderna.

Los PLC permiten automatizar y controlar procesos industriales de forma precisa, al facilitar la integración de diferentes equipos y garantizar la conectividad con sistemas MES para la supervisión en tiempo real.

Contar con conocimientos y habilidades para programar PLC no solo mejora la eficiencia operativa de las máquinas, sino que también asegura que los procesos estén alineados con estándares de calidad, trazabilidad y seguridad en la industria moderna.

A continuación, se explora cómo asimilar estas competencias, a fin de aprovechar al máximo las ventajas de la automatización:

⊃ Conocimiento sobre conceptos básicos

- ↻ Conocer qué es un PLC, cómo funciona y cuál es su rol en la automatización.
- ↻ Conocer los lenguajes de programación más utilizados, como Ladder Logic, FBD *(Functional Block Diagram)* o Structured Text.

⊃ Conocimiento del *hardware* del PLC

- ↻ Identificar las entradas (sensores) y salidas (actuadores) que interactúan con el PLC.
- ↻ Entender los módulos del PLC, como fuentes de alimentación, módulos de entrada/salida y comunicaciones.

⊃ Programación de procesos

- ↻ Diseñar programas que controlen tareas específicas, como secuencias de encendido/apagado de motores, control de transportadores o monitoreo de sensores.

◍ Usar *software* específico (como Siemens TIA Portal, Allen-Bradley RS-Logix) para desarrollar y probar programas.

⮑ **Simulación y prueba de programas**

◍ Implementar programas en entornos simulados antes de transferirlos a equipos reales para asegurar su correcto funcionamiento.
◍ Identificar y resolver errores durante las pruebas.

⮑ **Habilidades prácticas en integración**

◍ Aplicar el conocimiento teórico para configurar sistemas industriales completos.
◍ Garantizar que el PLC se comunique eficazmente con otros dispositivos, como sistemas SCADA o HMI.

⮑ **Seguridad en programación**

◍ Aplicar medidas para proteger los programas del PLC contra fallos o accesos no autorizados.
◍ Incorporar paradas de emergencia y protocolos de seguridad en los sistemas automatizados.

 IMPORTANTE

La automatización industrial avanzada requiere profesionales de la programación que comprendan tanto las capacidades del *hardware* y *software* de los PLC como los riesgos asociados a su uso. **Integrar ciberseguridad desde el diseño y la programación** no es solo una recomendación, sino una necesidad, para garantizar la continuidad operativa, la seguridad de los trabajadores y la protección de los datos industriales frente a amenazas externas e internas. Solo así se podrán aprovechar plenamente las ventajas de la automatización en un entorno seguro y confiable.

La transformación hacia operaciones digitalizadas implica el uso de herramientas, como son los sensores IoT, los sistemas SCADA, el HMI y el análisis de datos en tiempo real. Estos instrumentos trabajan de forma integrada con los PLC para optimizar cualquier tipo de proceso industrial.

La evolución de estas operaciones ha llevado a la creación de fábricas inteligentes, donde la interoperabilidad y la automatización avanzada son la norma.

 **DEFINICIÓN**

Interoperabilidad

Capacidad de diferentes sistemas, dispositivos o aplicaciones para comunicarse, intercambiar información y trabajar de forma conjunta con eficiencia y eficacia, sin necesidad de modificaciones añadidas. En un entorno industrial, garantiza que tecnologías como PLC, sistemas MES, SCADA y dispositivos IoT puedan integrarse y operar como un ecosistema cohesivo, facilitando la automatización y la toma de decisiones en tiempo real.

Sin embargo, implementar la digitalización de operaciones requiere un enfoque integral, considerando aspectos tan importantes como la **ciberseguridad,** la **capacitación en nuevas tecnologías** y el **diseño de procesos resilientes frente a interrupciones.** Así pues, los PLC se convierten en una pequeña pieza pero clave para conectar las herramientas digitales con las necesidades prácticas de la producción, lo que asegura que la industria pueda aprovechar las ventajas de la automatización en un entorno seguro y eficiente.

 **IMPORTANTE**

En este vínculo entre PLC y las operaciones industriales digitalizadas destaca la importancia de evolucionar desde sistemas tradicionales hacia entornos

Continúa en página siguiente >>

<< Viene de página anterior

plenamente conectados y automatizados, donde cada componente, desde el *hardware* hasta los sistemas de gestión, esté alineado con los objetivos de eficiencia y sostenibilidad de la Industria 4.0.

---

5. Aproximación a la Industria X.0

👉 HILO CONDUCTOR

En su recorrido, Mario descubre un concepto nuevo y ambicioso: la Industria X.0, una evolución de la conocida Industria 4.0. Este concepto abarca no solo la conectividad y la digitalización, sino también la integración de tecnologías emergentes como la inteligencia artificial, el *blockchain* y realidad aumentada en entornos industriales. Mario se encuentra con el reto de comprender cómo estas tecnologías pueden aplicarse a su planta, haciendo posible una producción personalizada, en tiempo real y totalmente conectada. A medida que avanza, se da cuenta de que está participando en el futuro de la industria, donde las máquinas y los sistemas son cada vez más inteligentes y autónomos.

La **Industria X.0, industria inteligente** o *Smart Industry* representa la evolución natural de la **Industria 4.0** hacia un entorno aún más conectado, autónomo y centrado en la integración total de tecnologías avanzadas y datos.

El concepto de Industria X.0 engloba no solo la digitalización de los procesos, sino también su transformación mediante la personalización masiva, la hiperconectividad y el uso intensivo de la inteligencia artificial y el aprendizaje automático o machine learning.

Antes de profundizar en el ambicioso concepto de la Industria X.0, es fundamental comprender su base: la **Industria 4.0.** Este modelo revolucionó los procesos industriales tradicionales al incorporar tecnologías emergentes, transformando las plantas industriales en ecosistemas inteligentes.

Explorar la Industria 4.0 nos permitirá comprender cómo estas tecnologías disruptivas sentaron las bases para la evolución exponencial hacia la Industria X.0, donde la conectividad, la autonomía y la hiperpersonalización llevan la digitalización a un nivel completamente nuevo.

A continuación, se analizan los pilares y las características de la Industria 4.0 para establecer un contexto sólido antes de avanzar hacia su siguiente versión.

5.1. Introducción a la Industria 4.0 y siguientes versiones

Ya se ha visto que diversas herramientas tecnológicas trabajan de forma conjunta para transformar las plantas de producción tradicionales en ecosistemas industriales inteligentes. Esta gran orquesta de tecnología, equipos y componentes son instrumentos clave que permiten mejorar la eficiencia, la trazabilidad y la calidad en todas las operaciones industriales. Su integración con otras **tecnologías disruptivas** las posiciona como un elemento fundamental de la **Industria 4.0.**

 **DEFINICIÓN**

Tecnologías disruptivas
Son innovaciones que transforman radicalmente un sector, alterando modelos tradicionales y creando nuevas formas de operar, competir o interactuar. Estas tecnologías generan un cambio significativo, al introducir soluciones más eficientes, accesibles o avanzadas, desplazando métodos establecidos y redefiniendo estándares en diversas industrias.

La digitalización en la industria ha transformado las operaciones tradicionales mediante el uso de tecnologías avanzadas, como son los **gemelos digitales**, el **IoT industrial**, el *big data* y la **inteligencia artificial.** Estas herramientas permiten monitorizar, analizar y optimizar procesos con gran eficacia y eficiencia.

Seguidamente se descubren algunas **tecnologías disruptivas** que están redefiniendo cómo operan las fábricas modernas:

➲ **Gemelos digitales.** Llamados también digital *twins.* Son réplicas virtuales de procesos, máquinas o sistemas que permiten realizar pruebas, simulaciones y optimización sin intervenir directamente en el entorno físico. Estas herramientas son clave para predecir el rendimiento, identificar fallos potenciales y mejorar la eficiencia operativa.

➲ **IoT industrial.** Red de sensores y dispositivos conectados que recopilan y transmiten datos en tiempo real desde equipos y procesos. Estos datos se integran con sistemas de gestión para monitorear, analizar y optimizar operaciones, lo que facilita la toma de decisiones basada en información de valor precisa.

➲ ***Big data.*** Conjunto de tecnologías que permite recopilar, almacenar y analizar grandes volúmenes de datos generados por sensores, sistemas y operaciones. Su capacidad para identificar patrones y tendencias ayuda a prever problemas, reducir costes y mejorar la productividad en las plantas industriales.

➲ **Inteligencia artificial.** Herramientas avanzadas que automatizan tareas complejas, como los análisis predictivos, el mantenimiento preventivo o la detección de anomalías. La IA mejora la precisión, optimiza procesos y permite prever problemas antes de que ocurran, lo que aumenta la resiliencia de las operaciones.

➲ ***Cloud computing.*** Plataforma basada en la nube que permite almacenar, gestionar y procesar datos en servidores remotos, accesibles desde cualquier ubicación. En operaciones digitalizadas, el *cloud computing* facilita la colaboración en tiempo real, reduce grandes costes de infraestructura local y asegura escalabilidad para el crecimiento de los sistemas industriales.

➲ ***Blockchain.*** Tecnología de registro distribuido que permite almacenar información de manera segura, transparente e inmutable a través de una red de nodos descentralizados. Cada transacción o dato registrado se organiza en bloques encadenados cronológicamente, lo cual garantiza la integridad y la trazabilidad. En el ámbito industrial, *blockchain* se utiliza para mejorar la trazabilidad de productos, asegurar la autenticidad de datos y optimizar cadenas de suministro mediante contratos inteligentes y registros auditables.

 **PARA SABER MÁS**

Accede al artículo de Fernández y Pajares (2022): "La digitalización del mundo industrial", que aborda la transformación que la Industria 4.0 está generando en los procesos productivos. En él se destaca la importancia de integrar tecnologías como el internet de las cosas (IoT), la analítica en tiempo real y la convergencia entre las operaciones de planta y los procesos de gestión. Además, se resalta cómo la digitalización industrial mejora la eficiencia y abre nuevas oportunidades para modelos de negocio innovadores. Accede al artículo desde aquí:

https://redirectoronline.com/ifct00500203

 ACTIVIDAD COMPLEMENTARIA

5. Reflexiona sobre las siguientes preguntas relacionadas con las tecnologías disruptivas en las operaciones digitalizadas de la Industria 4.0.

   ¿Cuál de las tecnologías disruptivas (gemelos digitales, IoT industrial, *big data*, IA, *cloud computing* o *blockchain*) consideras que tiene el mayor impacto en la optimización de procesos industriales? ¿Por qué?

   ¿Qué desafíos crees que implica la implementación del *blockchain* en comparación con tecnologías como el IoT o *big data* en las plantas industriales?

   ¿Cómo podría la integración de tecnologías como la IA con los gemelos digitales transformar la predicción de fallos y la mejora operativa?

   Según tu perspectiva, ¿cuál será la próxima tecnología disruptiva que emergerá en la Industria 4.0? ¿Cómo crees que afectará a las operaciones digitales actuales?

Al igual que en la Industria 4.0, algunas tecnologías, como los gemelos digitales, el IoT industrial y el *big data,* son fundamentales, pero en la Industria X.0 se integran con nuevas herramientas, como la **computación cuántica, la realidad extendida** y los **sistemas autónomos avanzados.** Estas incorporaciones permiten un nivel de eficiencia y personalización sin precedentes.

A continuación, una breve explicación de estos **nuevos actores tecnológicos:**

- ⮑ **Computación cuántica.** La computación cuántica es una tecnología emergente basada en los principios de la mecánica cuántica, como la superposición y el entrelazamiento. A diferencia de los ordenadores clásicos, que procesan información en bits (0 o 1), los ordenadores cuánticos utilizan cúbits, lo que les permite realizar cálculos exponencialmente más rápidos para problemas complejos.
Papel relevante en la transición hacia la Industria X.0

  - ◑ **Optimización avanzada.** Resuelve problemas de optimización en tiempo real, como la planificación de rutas logísticas o la asignación eficiente de recursos en las cadenas de suministro.
  - ◑ **Modelado y simulación.** Permite simular materiales, procesos químicos o interacciones físicas a niveles sin precedentes, acelerando la innovación en los nuevos productos.
  - ◑ **Ciberseguridad.** Fortalece la protección de datos mediante algoritmos cuánticos resistentes a ataques, asegurando la integridad de sistemas industriales hiperconectados.

- ⮑ **Realidad extendida.** La realidad extendida (XR) engloba tecnologías como la realidad virtual (VR), la realidad aumentada (AR) y la realidad mixta (MR), que combinan entornos físicos y digitales para crear experiencias inmersivas e interactivas.
Papel relevante en la transición hacia la Industria X.0

  - ◑ **Capacitación y simulación.** Facilita la formación inmersiva de empleados, mediante entornos virtuales que replican procesos industriales, con lo que se reducen riesgos y costes.
  - ◑ **Mantenimiento predictivo.** Los técnicos pueden usar AR para visualizar datos en tiempo real de máquinas y equipos, para hacer las reparaciones rápidas y precisas.
  - ◑ **Diseño y prototipado.** Permite a los ingenieros interactuar con prototipos digitales en 3D antes de fabricar productos, con lo que se optimiza el diseño y se reduce el tiempo de lanzamiento al mercado.

○ **Sistemas autónomos avanzados.** Los sistemas autónomos avanzados combinan inteligencia artificial, robótica y sensores para realizar tareas complejas sin la intervención humana. Estos sistemas toman decisiones basadas en datos en tiempo real y aprendizaje automático o *machine learning*. **Papel relevante en la transición hacia la Industria X.0**

○ **Producción flexible.** Los robots autónomos pueden adaptarse dinámicamente a los cambios en la producción, lo que permite una personalización masiva eficiente.
○ **Logística inteligente.** Los vehículos autónomos y los drones optimizan la entrega de materiales y productos en las cadenas de suministro automatizadas.
○ **Monitoreo ambiental.** Los sistemas autónomos detectan y responden a condiciones adversas en entornos industriales, lo que garantiza que las operaciones sean seguras y sostenibles.

 IMPORTANTE

A diferencia de su predecesora, la Industria X.0 enfatiza la colaboración entre humanos y máquinas mediante interfaces intuitivas y procesos centrados en el cliente. Esto significa que las operaciones no solo se optimizan para la productividad, sino que también se adaptan a las demandas específicas del mercado en tiempo real. Las tecnologías disruptivas, como *blockchain*, combinadas con análisis predictivos basados en la inteligencia artificial, aseguran transparencia y confianza en toda la cadena de suministro, lo cual facilita la creación de ecosistemas industriales dinámicos y resilientes. En este contexto, la Industria X.0 redefine el concepto de fábrica inteligente, posicionándola como un sistema adaptativo y orientado al futuro, alineado con las necesidades del entorno digital global.

5.2. Los niveles ISA-95 y la transición de la Industria 4.0 a la Industria X.0

Los **niveles ISA-95** y las **Industrias 4.0 y X.0** están estrechamente relacionados, ya que todos abordan la organización, la integración y la optimización de los sistemas industriales.

Los **niveles ISA-95** son un estándar internacional desarrollado para ayudar a las empresas a organizar, integrar y optimizar sus sistemas industriales. Este modelo establece una estructura jerárquica que divide las operaciones industriales en niveles, desde las máquinas y sensores en la planta hasta los sistemas de gestión empresarial. Su objetivo principal es garantizar que todos los sistemas de una fábrica puedan comunicarse entre sí de manera eficiente y sin problemas.

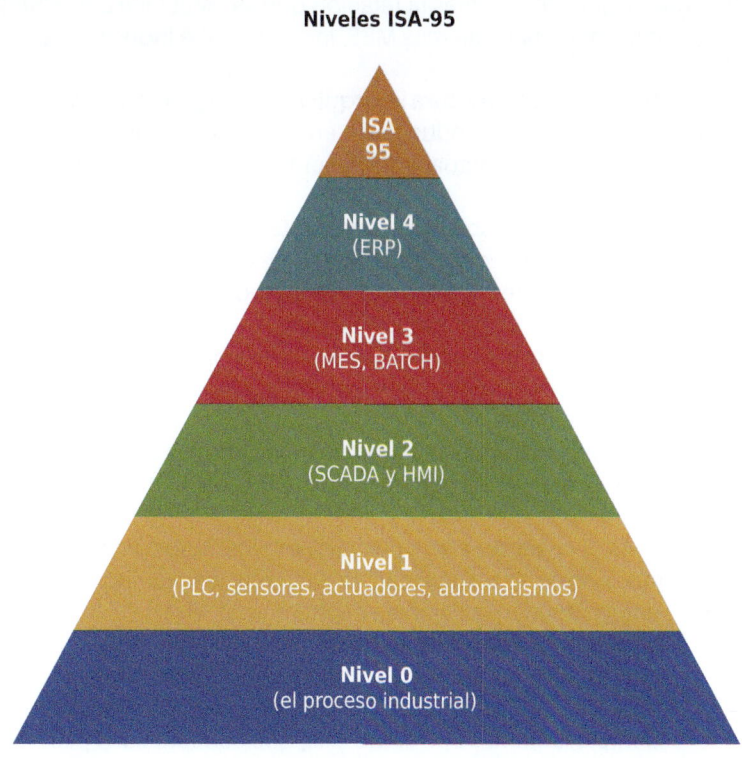

Niveles ISA-95

IMPORTANTE

Mientras que la Industria 4.0 busca digitalizar y conectar todos los aspectos de la manufactura para crear fábricas inteligentes, la Industria X.0 amplía este enfoque integrando tecnologías emergentes y sistemas avanzados de fabricación que permiten a las empresas maximizar la productividad y minimizar errores,

Continúa en página siguiente >>

<< Viene de página anterior

redefiniendo la industria moderna. Los niveles ISA-95 son una hoja de ruta que organiza las operaciones industriales, conectando máquinas, sistemas y personas para lograr una fábrica más eficiente, conectada y preparada para el futuro.

A continuación, descubrirás la relación que se establece entre ISA-95, PLC, maquinaria industrial, sistemas MES, Industria 4.0 e Industria X.0.

⊃ **Niveles ISA-95: estructura jerárquica de integración.** Los niveles ISA-95 dividen los sistemas industriales en cinco niveles, lo que permite comprender cómo interactúan los diferentes componentes y tecnologías:

    ⟳ **Nivel 0 o proceso físico:** representa las máquinas, los sensores y los actuadores que realizan tareas físicas en la producción, como robots, transportadores y sistemas autónomos. Una cortadora láser o un brazo robótico son buenos ejemplos.

    ⟳ **Nivel 1 o control básico:** los PLC desempeñan un papel esencial al ejecutar instrucciones para controlar máquinas y recolectar datos en tiempo real.

    ⟳ **Nivel 2 o supervisión y control:** los sistemas SCADA y HMI supervisan y controlan los procesos de manera eficiente, reduciendo errores humanos.

    ⟳ **Nivel 3 o gestión de operaciones:** los Sistemas MES gestionan la producción, la trazabilidad, la calidad y los recursos, conectando niveles operativos con niveles estratégicos.

    ⟳ **Nivel 4 o gestión empresarial:** los sistemas ERP *(Enterprise Resource Planning)* planifican la producción y gestionan los inventarios, basándose en los datos proporcionados por los niveles inferiores. Por ejemplo, sistemas ERP como SAP, que conectan una planta industrial con el área administrativa.

⊃ **Industria 4.0: digitalización y conectividad.** La Industria 4.0 elimina barreras entre estos niveles por medio de los siguientes elementos:

    ⟳ La conectividad total, que integra dispositivos desde el nivel 0 al nivel 4 mediante IoT y sistemas de análisis en tiempo real.

    ⟳ El análisis avanzado, que usa el big data y la inteligencia artificial para procesar datos y optimizar los procesos industriales.

    ⟳ La automatización inteligente, que permite decidir en tiempo real sin intervención humana, con lo que se mejora la eficiencia operativa.

● **Industria X.0: hacia la autonomía y personalización.** La Industria X.0 se construye sobre los cimientos de la Industria 4.0, pero incorpora sistemas avanzados de fabricación y tecnologías transformadoras, como la computación cuántica, la realidad extendida y los sistemas autónomos avanzados. La combinación de estas tecnologías con herramientas digitales redefine la industria moderna, pues mejora la competitividad de las empresas en un entorno cada vez más volátil, incierto, complejo y ambiguo, a la par que exigente.

 TAREA 5

Imagina que diriges una planta industrial. Necesitas conectar y optimizar todos los niveles de producción, desde las máquinas y los sensores hasta los sistemas de gestión empresarial. Para alcanzar una transición exitosa hacia la Industria X.0 es fundamental construir una base sólida, utilizando los niveles ISA-95 como hoja de ruta.

Basándote en esto, explica a través de un ejemplo práctico la asociación de los niveles ISA-95 con la creación de una base estructurada que integra maquinaria industrial, sistemas MES y PLC, esenciales para avanzar de la Industria 4.0 hacia la Industria X.0.

La **ciberseguridad industrial** es clave para proteger los sistemas críticos de las plantas de producción frente a amenazas modernas. A través de **seis escenarios prácticos de ataque y defensa,** podrás explorar situaciones reales, como *malware* en sistemas SCADA, ataques DDoS o manipulación de datos en sensores, para aprender estrategias efectivas para mitigar estos riesgos:

● **Escenario 1: ataque por *malware* en sistemas SCADA.** Un atacante introduce *malware* en un sistema SCADA, lo que afecta a la capacidad de monitoreo y control de la planta industrial.
Objetivo de defensa:

   ◔ Identificar y aislar el sistema infectado.
   ◔ Restaurar las operaciones seguras mediante un *backup* limpio.

Resolución:

◗ Implementar monitoreo en tiempo real con herramientas de detección de *malware*.
◗ Utilizar segmentación de redes para contener la propagación.
◗ Restaurar el sistema desde un *backup* verificado y actualizado.

➲ **Escenario 2: intercepción de datos mediante ataque *Man-in-the-Middle* (MITM).** Un atacante se posiciona entre dos dispositivos de una red industrial y captura datos sensibles transmitidos sin cifrado.
Objetivo de defensa:

◗ Proteger la comunicación mediante cifrado y autenticación.

Resolución:

◗ Activar cifrado robusto, como TLS, para proteger los datos en tránsito.
◗ Implementar la autenticación entre los dispositivos.
◗ Configurar el monitoreo continuo para detectar cualquier actividad anómala en la red.

➲ **Escenario 3: sobrecarga de red mediante ataque DDoS.** Un ataque de denegación de servicio distribuido sobrecarga los sistemas de comunicación industrial e interrumpe las operaciones.
Objetivo de defensa:

◗ Mitigar el ataque y mantener la continuidad operativa.

Resolución:

◗ Usar *firewalls* industriales con capacidad de filtrado de tráfico DDoS.
◗ Implementar balanceadores de carga para evitar puntos de saturación.
◗ Activar un plan de respuesta que priorice las operaciones críticas.

➲ **Escenario 4: acceso no autorizado mediante credenciales robadas.** Un atacante obtiene credenciales válidas y accede a un sistema industrial para alterar las configuraciones críticas.
Objetivo de defensa:

◗ Prevenir los accesos no autorizados y detectar las intrusiones.

Resolución:

○ Implementar la autenticación multifactor (MFA) para sistemas críticos.
○ Configurar alertas de accesos inusuales o fuera de horario.
○ Cambiar inmediatamente las credenciales comprometidas y auditar los accesos previos.

⮱ **Escenario 5: modificación de datos en sensores mediante** *spoofing.* El atacante manipula los datos enviados por un sensor, lo cual provoca decisiones incorrectas en el control del sistema.
Objetivo de defensa:

○ Detectar y mitigar las manipulaciones en los datos.

Resolución:

○ Validar la autenticidad de los datos con protocolos seguros (por ejemplo, autenticación de dispositivos).
○ Implementar la redundancia de sensores para verificar las inconsistencias.
○ Utilizar algoritmos de detección de anomalías basados en la inteligencia artificial.

⮱ **Escenario 6: intrusión mediante dispositivos externos no autorizados.** Un empleado conecta un dispositivo USB infectado en el sistema, lo que permite al atacante un punto de entrada a la red.
Objetivo de defensa:

○ Controlar el uso de dispositivos externos en los sistemas industriales.

Resolución:

○ Deshabilitar puertos USB en las estaciones críticas o utilizar *software* de control de dispositivos.
○ Escanear automáticamente cualquier dispositivo conectado antes de autorizar su uso.
○ Capacitar al personal en las políticas de ciberseguridad para minimizar los errores humanos.

⊕ PARA SABER MÁS

La ejecución de estos casos en plataformas como Cybertix-Cybring proporciona una experiencia interactiva y directa, lo cual mejora la capacidad para identificar vulnerabilidades, mitigar riesgos y responder de manera eficaz ante incidentes en las redes industriales.

Accede a la plataforma desde aquí:

https://redirectoronline.com/ifct00500204

6. Resumen

Como guía para identificar los elementos fundamentales que integran la automatización y digitalización industrial, la información esquematizada resume y refuerza cómo las herramientas tecnológicas permiten a las empresas avanzar hacia un modelo más inteligente y conectado propio de la Industria 4.0 y el modelo de industria inteligente que le sigue, la Industria X.0.

Esquema de los fundamentos básicos industriales de las tecnologías de la operación en los sistemas industriales de comunicación y producción

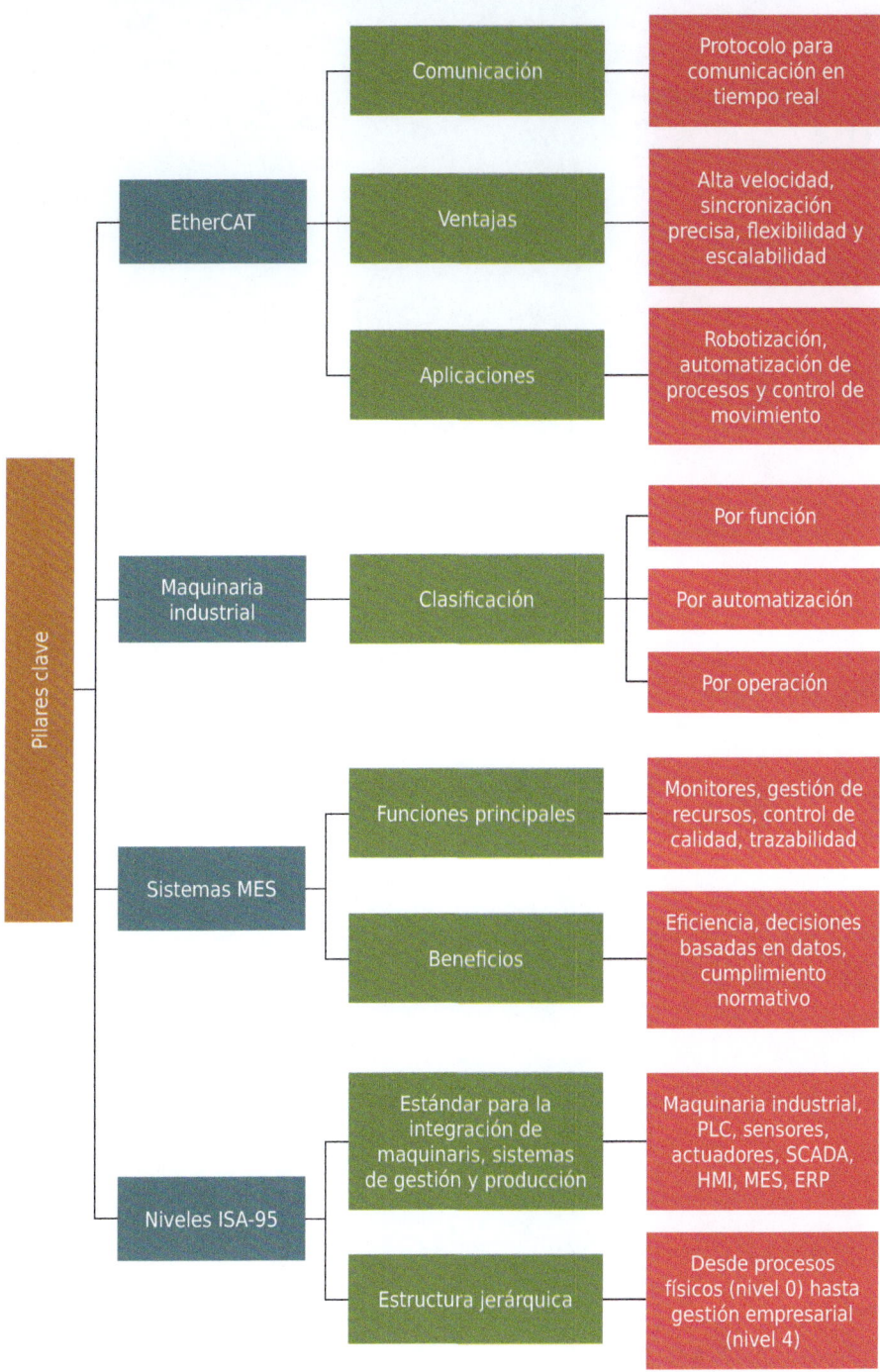

Ejercicios de autoevaluación
Unidad de Aprendizaje 2

1. Indica si las siguientes afirmaciones son verdaderas o falsas.

a. La Industria X.0 o industria inteligente se caracteriza por el uso de herramientas innovadoras como la inteligencia artificial, el internet de las cosas, los gemelos digitales y la robotización colaborativa, tecnologías que transforman no solo los procesos productivos, sino también las formas de interacción entre máquinas, datos y personas.

- Verdadero
- Falso

b. *EtherCAT (Ethernet for Control Automation Technology)* es un protocolo de comunicación desarrollado por Beckhoff Automation para entornos industriales que requieren transmisión de datos en tiempo real.

- Verdadero
- Falso

c. Aunque está diseñado para responder a las exigencias de precisión, velocidad y flexibilidad, *EtherCAT* no consigue optimizar procesos críticos con la eficiencia deseada.

- Verdadero
- Falso

2. ¿Qué estándar internacional organiza e integra los sistemas industriales?

a. ISO 9001
b. GMP
c. ISA-95
d. FDA

3. ¿Qué nivel de ISA-95 interactúa directamente con los sensores y los actuadores?

    a. Nivel 4
    b. Nivel 2
    c. Nivel 0
    d. Nivel 1

4. ¿Qué nivel de ISA-95 corresponde a la gestión empresarial?

    a. Nivel 1
    b. Nivel 3
    c. Nivel 0
    d. Nivel 4

5. ¿Qué función cumplen los sistemas MES en una fábrica?

    a. Supervisan las tareas administrativas.
    b. Controlan las redes industriales.
    c. Gestionan, monitorizan y optimizan los procesos de fabricación en tiempo real.
    d. Conectan los dispositivos IoT en la nube.

6. ¿Qué tipo de maquinaria está diseñada para transformar las materias primas en productos finales?

    a. Maquinaria de manipulación
    b. Maquinaria de producción
    c. Maquinaria de inspección
    d. Robots articulados

7. ¿Qué nivel de automatización tiene una máquina que requiere intervención humana para iniciar procesos?

    a. Automática
    b. Semiautomática
    c. Manual
    d. Computerizada

8. ¿Qué nivel de ISA-95 usa ERP para coordinar inventarios?

    a. Nivel 1
    b. Nivel 2
    c. Nivel 3
    d. Nivel 4

9. ¿Qué protocolo estándar utilizan los sistemas MES para conectarse con las máquinas industriales?

    a. HTTP
    b. *OPC UA*
    c. *Bluetooth*
    d. *Ethernet*

10. ¿Qué tecnología permite rastrear y gestionar objetos sin contacto físico?

    a. Códigos de barras
    b. RFID
    c. *Bluetooth* clásico
    d. *Ethernet*

Glosario

Actuadores
Dispositivos que convierten las señales eléctricas en acciones físicas, como mover un brazo robótico o abrir una válvula.

Algoritmos de control
Conjuntos de instrucciones matemáticas que regulan variables como la temperatura, la presión o la velocidad en los sistemas industriales.

Análisis de latencia
Estudio del tiempo que tarda un mensaje en transmitirse a través de una red industrial.

Análisis predictivo
Uso de datos históricos para anticipar problemas o comportamientos futuros en los procesos industriales.

Arquitectura cliente-servidor
Modelo de red en el que un servidor centralizado gestiona las solicitudes de múltiples clientes (dispositivos).

Balance de materia y energía
Técnica utilizada para evaluar la entrada y salida de materiales y energía en un sistema.

Banda ancha industrial
Infraestructura de alta capacidad para transmitir grandes volúmenes de datos en tiempo real en entornos industriales.

Bucle de control
Secuencia en la que un sistema recibe una entrada, la procesa y genera una salida, que luego es retroalimentada.

Bus de campo

Sistema de red que conecta sensores y actuadores en una planta industrial para la transmisión de datos.

Calibración de sensores

Proceso para garantizar que los sensores midan con precisión las variables físicas de un sistema.

Canales de comunicación redundantes

Múltiples rutas de comunicación en una red para garantizar la continuidad en caso de fallo.

Ciberseguridad OT

Prácticas y tecnologías para proteger los sistemas de operación industrial frente a amenazas digitales.

Comunicación asíncrona

Transmisión de datos independiente de un reloj. Cada paquete de información incluye un identificador de inicio y fin.

Comunicación síncrona

Método en el que los datos se transmiten siguiendo un temporizador común, lo que garantiza la sincronización.

Control adaptativo

Método de control que ajusta sus parámetros automáticamente para adaptarse a los cambios en las condiciones del proceso.

Control distribuido (DCS)

Sistema que divide el control de un proceso en varios subsistemas para mejorar la eficiencia y la flexibilidad.

Control en lazo abierto

Sistema que ejecuta acciones sin retroalimentación de las salidas. Resulta adecuado para procesos predecibles.

Control en lazo cerrado

Sistema en el que las decisiones de control se ajustan continuamente en función del monitoreo de las salidas.

Control PID

Método de control que combina proporcionalidad, integral y derivada para mantener una variable dentro de un rango deseado.

Controladores industriales avanzados
Dispositivos que integran funcionalidades como la inteligencia artificial para optimizar los procesos productivos.

Encapsulación de datos
Técnica para proteger y estructurar información antes de transmitirla en una red.

Estándares internacionales de comunicación
Normas, como OPC UA o MQTT, que garantizan la interoperabilidad entre dispositivos de distintos fabricantes.

Ethernet industrial
Variante de la red Ethernet, diseñada para entornos industriales, que prioriza velocidad y robustez.

Historial de eventos
Registro cronológico de datos recopilados durante un proceso industrial, útil para análisis y diagnóstico.

Hiperconectividad industrial
Integración de múltiples sistemas, dispositivos y tecnologías para compartir información en tiempo real.

HMI (interfaz hombre-máquina)
Plataforma gráfica que permite a los operadores interactuar y supervisar los procesos industriales.

Instrumentación industrial
Conjunto de dispositivos que miden, monitorean y controlan variables en procesos industriales.

Integración IT/OT
Convergencia entre sistemas de información (IT) y sistemas de operación (OT) en entornos industriales.

IoT industrial (IIoT)
Aplicación del internet de las cosas a los procesos industriales. Conecta sensores y dispositivos para optimizar las operaciones.

Mantenimiento predictivo
Estrategia que utiliza datos en tiempo real para identificar fallos potenciales antes de que ocurran.

Modelado matemático
Representación de procesos industriales mediante ecuaciones matemáticas para su análisis y simulación.

Protocolos de tiempo real
Estándares de comunicación diseñados para transmitir datos con baja latencia, esenciales para sistemas críticos.

QoS (calidad de servicio)
Parámetro que evalúa el rendimiento de una red en términos de velocidad, latencia y confiabilidad.

Redundancia de sistemas
Duplicación de componentes críticos que garantiza la continuidad operativa en caso de fallo.

Segmentación de red
Dividir una red en subredes más pequeñas para aumentar la seguridad y el rendimiento.

Sensores analógicos
Dispositivos que detectan magnitudes físicas (como la temperatura o la presión) y las convierten en señales continuas.

Tiempo de respuesta
Intervalo que un sistema tarda en ajustarse ante un cambio en las condiciones del proceso.

Tiempos de ciclo en redes industriales
Intervalos regulares en los que se procesan y envían datos en un sistema de control.

Topología de red industrial
Configuración física o lógica que determina cómo se conectan los dispositivos en una red industrial.

Transductores
Dispositivos que convierten una forma de energía o señal (como la presión o la temperatura) en otra, como las señales eléctricas.

Bibliografía

Monografías

→ LÓPEZ Benítez, Y.: *Gestión de la seguridad informática en la empresa.* Antequera: IC Editorial, 2019.

> Temática relacionada con la seguridad de la información desde la perspectiva de la empresa.

→ LÓPEZ Benítez, Y.: *Ciberseguridad, hacking ético.* Antequera: IC Editorial, 2022.

> Temática relacionada con los fundamentos del *hacking* ético y la ciberseguridad en las organizaciones.

LÓPEZ Benítez, Y.: *Introducción a la inteligencia artificial.* Antequera: IC Editorial, 2024.

> Temática relacionada con los fundamentos de la IA y su implementación en las organizaciones.

Textos electrónicos, bases de datos

→ Cybring Labs, de: <https://cybringlabs.com/about/>.

> Cybring Labs es una plataforma innovadora que ofrece simulaciones prácticas y entornos de entrenamiento avanzados en ciberseguridad. Está diseñada para capacitar a profesionales en la defensa de infraestructuras críticas. Proporciona escenarios realistas de ataque y defensa en redes industriales y sistemas de control.

→ EtherCAT: Tecnología Ethernet para la Automatización de Control. Beckhoff Automation, de:
<https://www.beckhoff.com/es-es/products/i-o/overview-fieldbus-systems/ethercat/>.

> Sitio que proporciona una visión completa sobre cómo *ETHERCAT* mejora los procesos industriales mediante su alta velocidad, flexibilidad y precisión.

→ La digitalización del mundo industrial, de:
<https://www.mintur.gob.es/Publicaciones/Publicacionesperiodicas/
EconomiaIndustrial/RevistaEconomiaIndustrial/405/FERNANDEZ%20Y%20
PAJARES.pdf>.

> Este artículo examina el impacto de la digitalización en la industria. Se centra
> en la integración tecnológica y los beneficios para los procesos productivos
> y modelos de negocio.

→ Las tendencias de ataque en el sector industrial durante 2023, de:
<https://www.incibe.es/incibe-cert/blog/las-tendencias-de-ataque-en-el-
sector-industrial-durante-2023>.

> Este informe del INCIBE detalla las tendencias de amenazas y vulnerabilidades
> en el sector industrial propias en sistemas de control industrial y redes OT.